Happy
Diary Book

「最高の自分」を
引き寄せる！

幸運
手帳術

赤井理香

同文館出版

手帳活用度チェック

How To Use Happy Diary Check!

- □ 手帳を見るとすべての予定がわかる
- □ 1日に1回以上は手帳を見る
- □ 予定が入ったらすぐに手帳に記入する習慣がついている
- □ 仕事や学校の予定に偏らず、プライベートな予定、自分だけの予定も記入してある
- □ 響いた言葉や感動した本、浮かんだアイデアなど、予定以外のことも記入している
- □「こうなりたい」という理想や目標を手帳に記入している
- □ 週ページに1日の時間軸もおおまかに記入している
- □ ToDoリストはやり終えたらチェックしている
- □ ペンやシール、スタンプなど、何らかの形で色を取り入れている
- □ 時間をコントロールできていると感じる

手帳活用度

1 ～ 3

手帳初心者

手帳と仲良くなれるチャンス！
まずは予定をすべて手帳に書くことから
はじめてみましょう。

4 ～ 8

手帳中級者

かなり活用できています！
さらに工夫して独自な手帳使いに
チャレンジしましょう。

9 ～ 12

手帳上級者

素晴らしいです！
新たな価値を生み出し、理想の未来を引き寄せる
手帳使いに磨きをかけましょう。

How To Use
Happy Diary
Monthly

「幸運手帳術」の基本STYLE（30歳会社員女性の例）
月ページ

木 Wed	金 Fri	土 Sat	日 Sun
		1 カフェランチ ショッピング	2
6	7 19:00 Kちゃんと夕食 （新宿）	8 読書日	9
13 14:00 A社 打ち合わせ	14	15	16 11:00〜 デート
20 企画会議 旅用意	21 箱根 温泉旅行 → 9:30 新宿発	22 Sちゃん、Tちゃんと ゆっくり〜	23 11:45 箱根湯本発
27 領収書締め日	28 18:00〜 デート	29	30 大そうじ日！

STEP4
一目で予定がわかる色別ペン＆シールの使い方

→2章
しっかり者の「秘書」

STEP1
月目標を立てる
→4章
道を示してくれる
「ガイド」

STEP2
月目標達成の
ご褒美で
幸せ脳に！
→5章
程よく
甘やかしてくれる
「ファン」

STEP3
決めた課題で
「理想の私」に！
→3章
輝かせてくれる
「プロデューサー」

週ページ

「幸運手帳術」の基本STYLE（30歳会社員女性の例）

	20 Wed	21 Fri	22 Sat	23 Sun
		□旅行スタート!		
9	□work ↓	9:00に 新宿駅 待ち合わせ		
10			□観光スタート	□チェックアウト
11		小田急小田原線 はこね11号	弁財天お参り	
12		箱根湯本でおそば	マス釣り（塩焼き）	11:45発 箱根湯本発
13				箱根登山鉄道 はこね14号（駅弁）
14	企画会議			新宿駅着
15		ホテルにチェックイン	ガラスアート体験	
16				
17				□旅終了!
18	□夕食 ↓	夕食	夕食	
19		温泉	温泉	
20		ゆっくり～	マッサージ	
21	□旅の準備			
22				
23	□ストレッチ	□ストレッチ	□ストレッチ	□ストレッチ
	・企画会議でのプレゼンは、落ち着いて実力を発揮できた。いい手ごたえ!	・すべて順調! ごはんはおいしくて、ホテルは居心地よくて、温泉気持ちいい～! 幸せな1日。	・お天気がよくて気持ちがいい中、釣りやガラスアート体験をめいっぱい楽しむ。Sちゃん、Tちゃんも笑顔	・帰りも順調! Sちゃん、Tちゃんとのおしゃべりで元気補充! 身も心も癒される旅だった

STEP4

1日の終わりの「ありがとう」で幸運体質に!

→ 6章
引き寄せてくれる
「預言者」

STEP1

チェックボックスで実現力をアップする

→ 4章
道を示してくれる
「ガイド」

STEP2

気に入った服の組み合わせを描いて女子力アップ！

→ 3章
輝かせてくれる
「プロデューサー」

STEP3

先取り日記で自分に都合のいい未来を引き寄せよう！

→ 6章
引き寄せてくれる
「預言者」

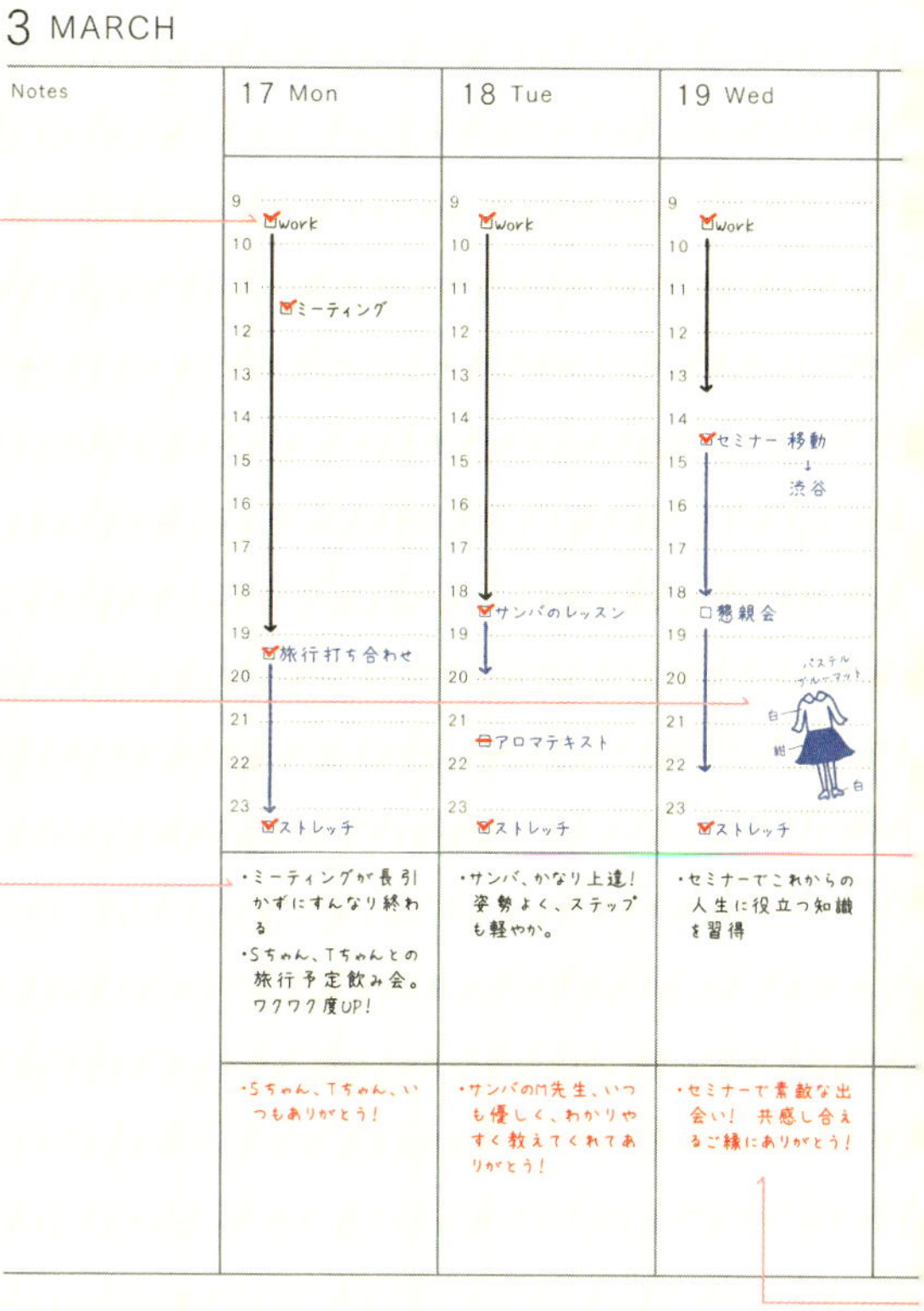

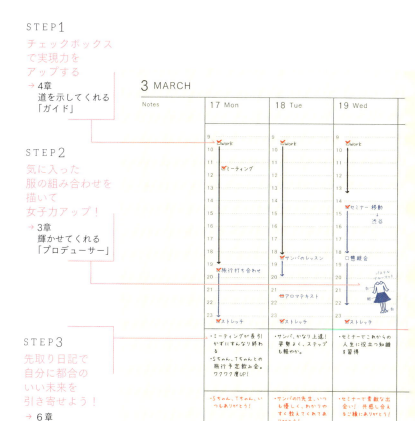

手帳メモページ&小さめノートの活用法

ゴキゲンスイッチページ
→ 5章5項

自分にとって必要な情報ページ
→ 1章3項

願いを自由に書くページ
→ 4章1項

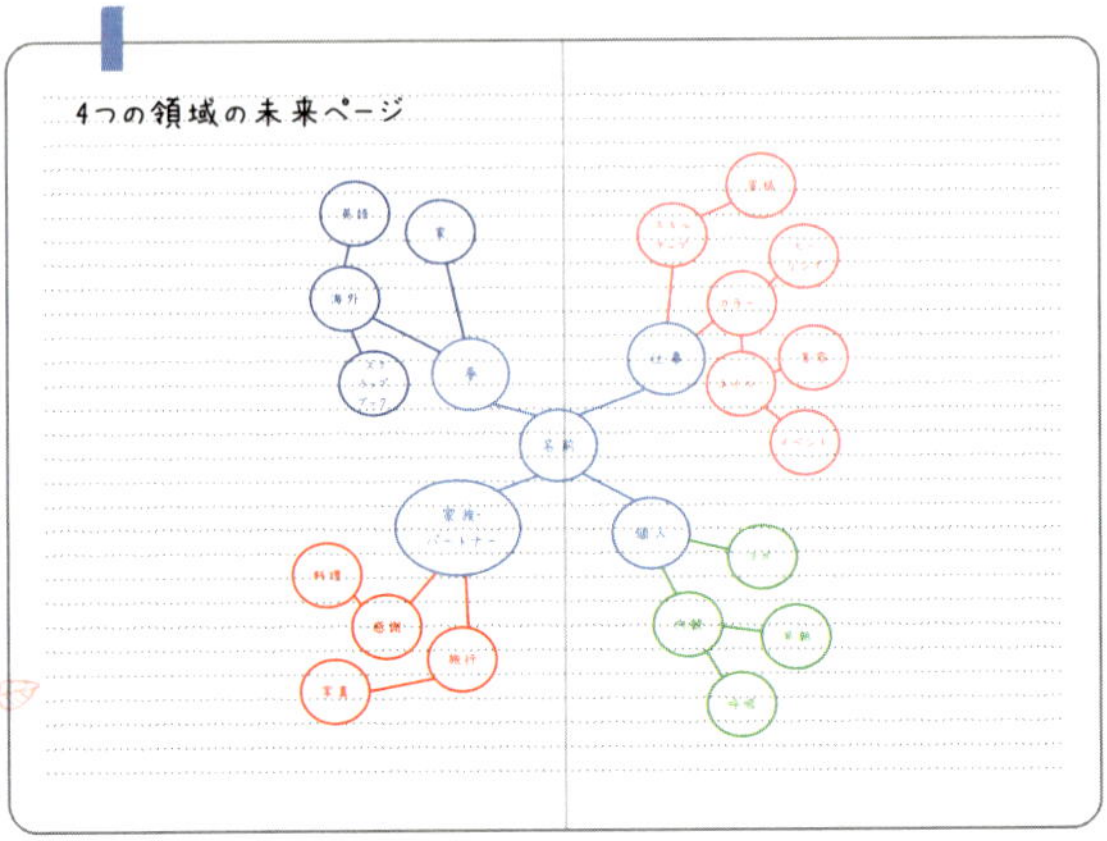

「なりたい私」を自由に書くページ
→ 3章2項

ワクワク現実化！預言ページ
→ 6章1項

引き寄せたい未来を見つけるページ
→ 4章3項

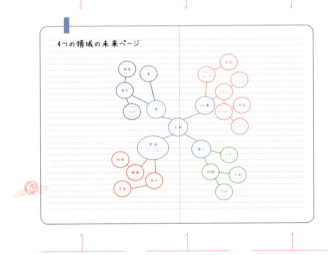

プロローグ

手帳を使って、「最高の自分」「最高の人生」を引き寄せる。

本書は、そんな手帳という身近なツールの活用術についてお伝えする1冊です。

お金を管理するお財布は、持つ人の「金運」を司ります。本やテレビなどでも、財布の使い方や選び方によって金運を上げる方法がよく紹介されていますね。

それでは、手帳は何を司るのでしょう?

人生は「時間の積み重ね」で成り立っています。その時間を管理する手帳は、ちょっとおおげさに言うと、**「人生」を司る**ものなのです。

手帳を、ただ予定を書くだけの使い方から、**なりたい自分になって望む人生を生きる**ためのツールとして活用していけば、その可能性は無限大。

本書では、

・今まで手帳を活用できなかったけれど、これからはもっと活用したい
・手帳を使って楽しみながら、スイスイ願いを叶えたい
・過去にうまくいかなかった引き寄せや願望実現を、現実に反映させたい
・ビジネスライクな使い方だけでなく、恋や魅力アップにも手帳を使いたい
・もっと主体的に幸せな人生を歩みたい

という方が、手帳を活用して、**「人生の主人公」**になるための方法をお伝えしていきます。

☆「幸運手帳術」で望む未来を選択しよう！

もし、あなたが映画の主人公なら、どんな役をやりたいですか？

理想とする自分に近づくためには、**「自分の人生は自分で決める！」**と決意をする

こと。周りに流される人任せなシナリオは、自分自身を脇役にしてしまいます。

先端に役名が書いてあるあみだくじがあるとしたら、運頼みなのが、普通のくじ。本書の「幸運手帳術」は、まず、あみだくじの先に書いてある「好きな役」（望む未来）を選び、そこからたどって「今」を選んでいくのが特徴です。

望む未来に向かって毎日少しずつ実践していくと、**「幸せの底力」が上がり、次々と願いを叶えていくという状態に自然となっているはずです。**

大切なのは、「習慣化」することです。

以前の私は、人付き合いが苦手で、「人生が生きにくい」と感じていました。でも、そんな自分を変えたくて、1人暮らしをはじめたことをきっかけに、毎晩鏡に向かって「笑顔の練習」をすることにしました。

「こんなことしてもどうせ変わらない」と思いつつも、半年、1年と続けるうちに、日課になり、笑顔が自然と出るようになりました。

そして、その頃から、周りから「明るくなった」と言ってもらえることが増え、「生きやすい」と感じられるようになったのです。

この経験によって、ココロや考え方から変えることが難しいことでも、「日課」という毎日の行動に組み入れることで「習慣」となり、好ましい変化が起こるということを実感しました。

そういう意味では、**毎日持ち歩き、1日に何度も見る手帳は、「習慣化」するのに最適なツール**なのです。

「習慣化」の秘訣は、適当さ、いい加減さ。

本書では、手帳を120％活用しながらも、ゆるーく続けるための強力な助っ人として、「手帳の5人の住人」が登場します。

「秘書」「ガイド」「プロデューサー」「ファン」「預言者」の5人が、「最高の自分を引き寄せる」というゴールに向かうためのサポートをしてくれます。

誰にでも、魅力的な人生と自分を選択する自由があります。

制限しているものがあるとしたら、それはきっと自分自身。

「未来」から「今」にさかのぼる「幸運手帳」を通じて、心の奥底に眠っている本来の自分に気づいてみませんか?

人生に偶然はありません。**この本を読んでいる「今」が、「最高の自分になって幸せな毎日を送る」選択をするベストタイミングです!**

あなたが、昨日より今日、今日より明日と、幸せな人生を選択し、歩んでいくことを、心から応援しています。

ワクワク・ドキドキの幸運手帳の世界にようこそ!

赤井理香

Chapter 1

手帳で幸運を引き寄せよう！

Chapter

2

手帳を見ればすべてがわかる！
──しっかり者の「秘書」

Chapter

3

「私の魅力」を120％引き出す！

――輝かせてくれる「プロデューサー」

Chapter

4

人生のシナリオを書いて階段をのぼる！

——道を示してくれる「ガイド」

Chapter 5

自分を褒めて幸運の波にのる！
——程よく甘やかしてくれる「ファン」

Chapter

6

自分の未来は自分で決める！
――引き寄せてくれる「預言者」

イラスト
須山奈津希

ブックデザイン・DTP
高橋明香
（おかっぱ製作所）

Chapter

1

手帳で幸運を引き寄せよう！

Section

01

「書く」ことで理想が現実になる！

人に自分のことを話すのが苦手だった私は、小さいときから、うれしい、悲しいといった自分の感情の動きも、「こうなったらいいな」と思うことも、人には言わずに紙に書く（描く）子どもでした。

いつからかと記憶をたどると、体の弱かった小学校低学年時代がそのはじまりのようです。

小学2年のときに入院していた大学病院では、小児病棟の面会時間は15時から16時までの1時間のみ。入院後しばらくは食事もなしで点滴で栄養を流し込んでいました。ほとんど寝たきりで動けず、食べる楽しみもなく、家族とも離れて過ごす日々の中で、心細く、寂しい思いをしたのを覚えています。
面会時間の1時間だけ母に会えることを心待ちに毎日を過ごしていたので、他の時間は、とにかく早く過ぎてほしいと願っていました。

そのときに役立ってくれたのが「紙」だったのです。
ベッドの上の小さいスペースでも、お話をつくること、絵を描くこと、折り紙を折ることの3つはできました。それをしているときは時間が経つのが早く、気がつくと面会時間になっていることもありました。

同じ小児病棟には、歌が上手な子や、面白い話ができる子たちもいましたが、私にとっては、**勇気がいらなくて、特別な才能もいらなくて、誰にも知られずに、誰にも笑われずに、こっそりできる楽しいこと。**それが、「紙を使って表現すること」だったのです。

退院後も、体が弱かったことと内向的な性格もあって、友達と遊ぶよりは、1人空想しては、その内容をつたない文章や絵で表現して遊ぶことを好んでいました。

周りの人に自分の気持ちをうまく伝えられなかった幼い頃の私にとって、**「紙に書く」という行為は、内側にある自分の感情を解放することができる、シンプルで有効な手段**だったのだと思います。

「大きな妄想」を「小さな手帳」に書いて一歩踏み出そう

感情でも想像でも、浮かんだことを「書く」という習慣は大人になってもずっと続いていました。

大人になってからは、いつでも持ち歩く手帳に書くようになったのですが、あるとき、「こうなったらいいなあ」と、手帳に書いたいくつかのことが、現実になっていることに気づきました。

「思い描いていたタイミングと条件で、家や車が手に入る」といった物質的なことから、人とのご縁や、自分を生かせる仕事との偶然の引き合わせなど、数え上げればキりがありません。
ささいなことから、人生のターニングポイントと言えるくらい大きなことまで、妄想して紙に書いたさまざまなことが現実となりました。

具体的には、「こうなったらいいなあ」と自由に想像（妄想）をします。
次に、それを絵や字で自由に書きます。
あとは、時々それを眺めては、さらなる妄想を書き加えていきます。

たったこれだけのことを手帳に書くようになってから、現実になることが加速度的に増えました。
この**「想像↓書く↓見る」**という一連の行動が、常に持ち歩いていて、時間という人生の一部を管理するツールである手帳が持つ特徴と、ピッタリはまったからだと思います。

「理想を書く」という方法は、成功法則の本を読んだことのある方なら、一度は目にしたことがあるのではないでしょうか？

もし、今まで目にしながらも、「知ってる」で終わって実行したことがないのであれば、だまされたと思って、ぜひ、一度書いてみてください。

この「妄想を紙に書く」は、楽しみながら、叶ったらラッキーくらいの軽い気持ちでできる、「ノーリスク・ハイリターン」な行動です。

やらない理由はないと思いませんか？

紙に書くだけなら、勇気がいらなくて、特別な才能もいらなくて、誰にも知られずに、誰にも笑われずに、こっそりできる楽しいことなのですから。

Point

最初の一歩は、
妄想を紙に書くだけ！

Section

02

手帳は「自分が本当に望んでいること」を叶えるツール！

「妄想を紙に書いて眺める」という幼い頃の習慣から、実際に妄想が叶いはじめて、手帳を極めたいと思ったのが20年前。そこから試行錯誤して、今の形になったのが、8年前です。

それからというもの、私はどんなことも手帳に書き込んできました。

人見知りで営業経験はないけれど、「おうちで好きなことを伝える仕事がしたい！」と妄想力全開で、理想の生活を書いた7年前。

予定も人脈もないけれど、本の出版決定時期や出版する年までを書いた3年前。

テレビを見ていて、ふと、この人に会ってみたいと思って手帳に「テレビに出る」

と書いた半年前。
どれも、手帳に書いた時点では、はるか遠くに感じていたことばかりです。

それが、今は「こんな働き方がしたい！」と、思い描いていたおうちサロンで、大好きな人たちに、自分の大好きなことをお伝えする毎日を送っています。

手帳に目標として書いた通り、商業出版の夢も叶い、手帳に書いて2週間後にはテレビ取材の依頼がきたり……。

小さなことから大きな夢まで、手帳に書いたことが次々と叶っていきました。

といっても、はじめからうまくいったわけではありません。あっという間に挫折してしまったり、何年も同じ願いを書いているのに一向に叶わないといった失敗経験も数知れず……。

その中で、スイスイ現実になっていく願いもあれば、なかなか現実にならない願いもあるということに気がつきました。

☆他者に振り回されない

私のサロンには、人生が思うようにいかず、悩みを抱えて訪れる方がたくさんいらっしゃいます。皆さんに言えるのは、**叶う願望、叶わない願望は、究極的には「自分次第」**だということ。

悩みの理由は、「人間関係」であることがほとんどです。

○○とうまくいかない、○○に怒られた、○○に悪口を言われたといった、わかりやすいことから、

・仕事がない、恋人ができない・結婚できない（選んでもらえない、理解されない）
・お給料が少ない（上司に評価されない、会社からもらえる給料に反映されない）
・自営業がうまくいかない（お客様に選ばれない、人に買ってもらえない）

といった、一見、人間関係ではないと思えることまで、つきつめてみると、**「自分以外の人（他者）」が介入するがゆえの悩みだということがわかります。**

「どうして自分はできないんだろう」といった自己嫌悪でさえ、そこには幼少期から「周り（親や先生）に求められてきたもの」や「評価」といった他者が関係しています。

そうなると、「悩み」も「願いが叶うかどうか」も、「自分の力ではどうしようもないこと」と、思ってしまうかもしれません。

でも、プロローグでもお話ししたように、人生の主人公は自分自身です。

他者は、自分の人生においては「脇役」。あくまで、自分の思い込みを「気づかせるため」の役割でしかないのです。

私自身、いつも人間関係で居心地の悪さを感じていたのですが、そのことが自分の中で本当に腑に落ちたとき、今まで、どうして何冊本を読んでも、セミナーに参加してもうまくいかなかったのか、その理由がわかってきました。

人の顔色をうかがってばかりいた「過去の自分」。

自分のココロに意識を向けている「今の自分」。
後者の自分のほうが、仕事、人間関係、豊かさ、健康のすべての面ではるかにうまくいっていますし、何より、「自分のことを好き」だと感じられるようになりました。

もし、「もっと幸せな人生を歩みたい」と思うのに、思う通りにいかないとしたら、他者にばかり目が向いて、自分のココロを置いてきぼりにしているのかもしれません。
手帳に願いを書くという作業を通して、自分が本当に望んでいることに目を向けること。これが、「幸運手帳術」を実行するために、まず知っておいてほしいことであり、「幸運手帳術」のゴールでもあります。

Point

人の目を気にせず、
自分のココロに正直になろう

Section

03

自分サイズの「理想の手帳」をつくろう！

それでは、この本でお伝えする手帳術について、具体的に解説していきましょう。

よく、生徒さんに手帳の選び方について質問されるのですが、そのときにお伝えしている私なりの選び方の基準は次の通りです。

①ひと月が一目で見られる「月予定ページ」がある（大抵の手帳にあります）

②1週間の予定が見開き1ページに収まっている「週予定ページ」がある（少し厚めの手帳には入っています）

③余分な情報が少なく、シンプルな余白ページが多い

④持ち運ぶときに苦にならないサイズ感

⑤色や手触りなどが好み

一番大切なのは、「自分が気に入るかどうか」なので、手にしたときに気分が上がるものであれば、どんな手帳でもいいと思います。

プロローグでお話ししたように、手帳は「人生を司る」もの。気分が下がるもの、みすぼらしいものは選ばず、持っていてワクワクするもの、心地いいもの、見るたびに笑顔になるものなど、〝いい気持ち〟になる手帳を選びましょう。

どんなに人がいいと言ったものであっても、人それぞれ個性があるので、全員に合うわけではありません。

値段は高いけど気に入ってない手帳や、成功者が使っているという理由で買ったものの、全く使いこなせてない手帳などは、思い切って買い換えるのも一つの方法です。「値段が高い」や「成功者が使ってる」は、他者軸です。

☆手帳を自分サイズにカスタマイズする

私自身、過去に数多くの手帳を使ってきましたが、「帯に短し、たすきに長し」で、カンペキに満足できる手帳はありませんでした。

手帳は、多くの人にとって使い勝手がよくなるように工夫してつくられていますので、「自分にとってカンペキな手帳」がないのは、当然のことですよね。

それを解消して100％満足できる手帳を手に入れる方法はたった一つ。

「自分で理想の手帳をつくる」ことです。

とはいえ、現実問題として、手帳を自分で一からつくるのは、労力もお金もかかり、センスも必要になります。

でも、自分で手帳をカスタマイズすれば、多大なる労力とお金をかけることなく、毎年、理想の手帳が再現できるのです。

私も、以前は手帳選びにアタマを悩ませ、結局使いこなせないまま1年が終わってしまう……という失敗を繰り返していましたが、自分でカスタマイズするようになってからは、毎年の手帳選びはワクワクする楽しい恒例行事となりました。

必要のない機能や情報がたくさんある「便利なはずだけど使いこなせない手帳」を頑張って使うよりも、必要な情報だけがすぐ取り出せる**「マイルールで楽に使える自分サイズの手帳」**のほうがシンプルで使いやすく、費用対効果が高くなります。

みんなが電車の路線図が欲しいわけではなく、それよりも地域のゴミ分別一覧が欲しい人だっています。送料一覧が必要な人もいれば、子どもの発達目安一覧が必要な人もいます。大安と仏滅よりも、新月と満月の周期が知りたい人もいます。

「断捨離」や「デトックス」など、最近よく使われ出した言葉たちは、どれも「入れる」よりも「出す」ことを意味しています。

捨てることや、多くを持ちすぎないことを提唱する本や意見が尊ばれるのは、物や食べ物が豊富にある現代ならではの風潮ですが、情報も同じです。

テレビ、雑誌、ラジオ、ネット……情報が玉石混交で溢れている現在は、「より多くを得る」ことをよしとしていた時代から、「取捨選択してそぎ落とす」時代へと移り変わってきています。

エネルギー的にも、いらない情報を多く持ちすぎることは、新しい情報が入ることを拒み、停滞させます。

「人生」を司る手帳は、なるべくシンプルに、必要のない情報をカットし、**今の自分にとって必要な情報だけを入れましょう。**

手帳のとじしろから少し離れたところからカットしたり、必要ないページの上に縮小コピーして必要な情報を貼るのもオススメです。

「幸運手帳術」では、手帳の不要な情報をカットする代わりに、

・3色ボールペン

・シール
・フセン
・小さめノート

をプラスすることをオススメしています。

値段にしてワンコイン（500円）程度の経費で、オンリーワンの理想的な手帳が手に入るのです！

この4つを使ってのカスタマイズのやり方については、2章で詳しくお話しします。

Point

情報を取捨選択して、
シンプル＆オリジナルな
生き方を！

Section

04

本書の読み方と特徴

本章では、「幸運手帳術」の可能性と、この本の読み方について、お話ししました。詳しいカスタマイズ法、活用法は、後の章で詳しくご紹介しますが、本書の内容をより深く理解していただき、手帳を開くたびに思い出していただくために、2章からは、**「秘書」「プロデューサー」「ガイド」「ファン」「預言者」**という、5人の手帳の住人別に解説していきます。

人の脳には**自覚できる領域（顕在意識）**と、**無自覚な領域（潜在意識）**があります。そして、脳の95％前後の領域は潜在意識といわれています。

であるならば、脳の多くの無自覚な領域を、自覚的に活用することで、望む人生をパワフルに引き寄せることができるはずです。

5人の手帳の住人の特徴は、そのまま潜在意識の特徴にも当てはまります。

この本を読んで、手帳を活用することで、潜在意識に眠っていた「望む人生を生きるための智慧」も、思い出すことができることでしょう。

手帳の5つの役割を把握し、自然に働きかけることができるようになれば、「時間の効率化」「願望実現」「セルフブランディング」など、あらゆる場面で、頭を使わずに呼吸するように、自然と望む状態を現実にする習慣が身についていきます。


マハトマ・ガンジーの、**「習慣が変われば人格も変わる。人格が変われば運命も変わる」**という言葉があります。

この本で、望む人生を実現するための方法として手帳活用を提案しているのは、手帳は、毎日持ち歩き、自分の予定（未来）を記入する、人生（時間）と関わりが深い**「習慣化させるのに最適なツール」**だからです。

手帳をツールとして使うことで、「意志」だけでは難しかった「習慣化」が楽になり、自分自身（人格）や、未来（運命）まで変わるのです。

手帳を使わずに、脳内で、この本で紹介することを自然と実践し、成果を手にしている方もいるでしょう。紙の手帳ではなく、携帯やパソコンなどを手帳代わりに使っている方もいるでしょう。どうぞ、そのまま継続してください。

脳内でも、紙以外の媒体でも、**「何を使うか」よりも、「どんな意識でどう使うか」のほうが大切**です。

5人の手帳の住人とともに、自分自身のココロと脳をどう使って、「魅力的な自分」「魅力的な人生」を手に入れるのか、その秘密を探る旅に出かけましょう！

Point

手帳を活用すると、
人生が望む方向に進み出す！

Section

05

隠れ完璧主義にご用心！

さて、ここまで読んでくださったみなさんの中には、「そうは言っても続かないよ」「わかっているけどできないよ」という方もいると思います。

この本を手に取ってくださったということは、少なくても、「手帳をもっと活用したい」「使いこなしたい」という気持ちはお持ちだと思います。

そうした気持ちがあるのに、どうして続かない人が多いのか……。

その理由は、**「隠れ完璧主義」**にあります。

隠れ完璧主義とは、周りにも自分にもわかりにくい完璧主義のことです。

Check!

隠れ完璧主義チェック

- □考えすぎてなかなか行動できない
- □失敗したときのことを考える
- □「どうせ」「でも」「だって」が口癖
- □「〜すべき」「〜しないと」と考えがち
- □できない自分に自信をなくす
- □失敗するくらいなら、はじめからやらないことを選ぶ
- □人前に出ることや目立つことがこわい
- □1から10まで理解しないと前に進めない
- □面倒くさがりだ
- □はじめるのに時間がかかる

3つ以上当てはまったら、
「隠れ完璧主義」の可能性あり！

隠れ完璧主義を自覚しないまま「幸運手帳術」に取り組むと、思わぬところでつまづいてしまいます。

まずは前ページで、自分が「隠れ完璧主義」かどうかをチェックしてみましょう。

○が3つ以上あったあなたは、「隠れ完璧主義」の可能性大！ です。

「思っている以上に自分は真面目で、向上心が高かったのだなあ」と、まずはご自分の頑張りを認めてあげてください。

それから、「ま、いっか」と思えることを少しずつ増やしていきましょう。

☆完璧じゃなくても大丈夫！

完璧主義の人の会話や思考の中には、よく**「ケレバさん」**が登場します。

「私がこの仕事をやらなケレバ」

「もっと勉強しなケレバいけないのに、なんでできないんだろう」

「うまく話さなケレバいけないと思うと緊張しちゃう」

このように、「しなケレバいけないこと」を、自分で増やしてしまっていませんか？

本書でご紹介する方法もそうです。

「（せっかく本を読んで知ったのだから）すべてを完璧にやらなケレバ」と、「ケレバさん」が登場した途端、それは義務となり、「楽しくカラフルなもの」から、「グレーの重くつまらないもの」に変わってしまいます。

実は、私自身がそうでした。

何か新しいことを知るとすぐにやりたくなるので、本や雑誌、テレビで紹介された方法があるとすぐに、たくさんのシールやカラーペン、スタンプなどを買い揃え、手帳に何かを書くたびに色を変えたり、予定ごとに違ったスタンプを押したり、大切な用事にシールを貼ったり……。

その結果、

【カラーペン】

持ち運ぶのが面倒で家に置くようになる

↓

その場で手帳に書かずに家に帰ってから書くようになる

↓

書くのを忘れるようになる

【シール】

決まったシールばかりがすぐなくなる

↓

ありあわせのシールを使い出す

↓

ごちゃごちゃするだけで、何のために貼っているのかわからなくなる

【スタンプ】
スタンプを持つのが面倒で家に置くようになる
↓
後日まとめて押すようになる
↓
どの予定がどのスタンプかわからなくなる

……など、どれも似たような過程を経て、結局は続きませんでした。

他にも、格言がページごとに書いてある格言手帳、予定やアイデアを9つのブロックに分けて書く手帳、占い系や引き寄せ系の手帳などなど、いろいろと試しましたが、大抵、翌年はリピート購入することはなく、シンプルな手帳に戻り、またほとぼりが冷めると便利そうな手帳に手を出す……。

そんな「続かない自分」は怠け者なダメ人間なんだと、自信をなくし、出口のない不毛なループを自らグルグルと回っていました。

「望む人生を引き寄せるための手帳で自信をなくしてネガティブになる」ということが、どれだけ意味のないことなのか、今はわかります。

せっかく未来への幸せな一歩を踏み出そうとしているときに、「自分にはムリ」と、ダメ出ししてチャンスをつぶすのは、とてももったいないことです。

本書を読んで実行するときは、「ケレバさん」には眠っていてもらい、**「どっちでもOKだけど、やってみようかな」**という気楽なスタンスで臨んでください。

そして興味の湧いた方法に出会ったら、「三日坊主でいいや」くらいの気持ちで試してみてくださいね。

Point

失敗するから最初からやらない
「完璧主義」よりも、
とりあえず「やってみる」！

Chapter

2

手帳を見ればすべてがわかる!

しっかり者の「秘書」

Section

01

明後日の予定がすぐに答えられますか?

手帳の機能として、まず誰もが求めるのが「**予定管理**」ではないでしょうか。ただし、みなさん、何の不満も問題もなく使いこなせているかというと、現実はそうでもないようです。

私が運営している「おうちサロン ペールグリーン」では、ヒーリングサロンとして、ココロを癒す相談やカウンセリングなどの他、ココロに関わるさまざまな講座やセミナー、勉強会などを開催しています。

参加してくださる生徒さんたちには希望日を伺い、開催日を決めることも多いのですが、そのときの手帳の使い方は一人ひとり大きく異なります。手帳を使いこなしてスムーズに予定管理ができている方もいれば、そうでない方もたくさんいます。

私の運営するサロンの男女比率は、女性8割、男性2割で、圧倒的に女性が多いのですが、ご予約や日程を決めるときに女性の方からよく聞くのが「**帰ってから確認します**」というセリフです。自宅ではカレンダーに予定を記入したり、手帳を家に置いている方が多いようなのです。

逆に、男性からこのセリフを聞いたことはほとんどありません。ビジネスパーソンだと、さっとシステム手帳を出してその場で確認。自営業やその他の職業の方で、手帳を使っていない方でも、その場で即答してくださることがほとんどでした。

以前、幸運手帳セミナーに参加してくださった女性のNさんは「そんなに予定が入らないから」と、それまで手帳を持ち歩いていなかったそうです。

習い事のメンバーで次週ランチに行こうと盛り上がったときも、Nさんはその場で予定を決めることはなく、家に帰ってからカレンダーや子どもの予定と照らし合わせて確認してから返事をしていたそうです。

家族と自分の予定を確認しているうちに面倒になってしまい、断ってしまうことも多かったと話してくださいました。

カレンダーと手帳のダブル使いは、両方確認しないと新たな予定が入れられなかったり、片方だけに記入してうっかりダブルブッキングしてしまうことがあったりと、使い勝手がいいとは言えないようです。


Nさんは、幸運手帳セミナー参加後、それまでカレンダーに書いていた家の予定や、自分が関係する子どもの行事予定などをすべて記入した手帳を、常に持ち歩くようにしたそうです。

後日、「楽しいお誘いが増え、私自身もフットワークが軽くなっていろいろやってみたいことが増えました!」と、はつらつとした笑顔で教えてくださいました。

能動的に自分の人生の貴重な時間を使う気持ちを持つようになったことで、ワクワクするような予定が入るようになり、本当にやりたいことを見つけることができたのだと思います。

☆自分の予定を把握していれば、直感的に予定を選べる！

自分の予定をしっかり管理できていれば、誘いに対して、**直感的に即答するクセ**をつけることができます。すると、自分が本当に望んでいることがわかり、常にフットワークの軽い状態でいることができます。

また、悩み、迷う時間もなくなるので、**快適な脳の状態を保つ**ことができます。あちこちに散らばっていた自分に関わる予定を1カ所にまとめることで、それまで**分散されていたエネルギーがギュッと集まり、本当に自分が望む行動をするためのエネルギーとして使える**ようになるのです。

受動的に日常の用事や仕事、家族や周囲に流されて日々を過ごしていると、1日、1週間、1カ月……と、気づいたら「何も自分のためにしていない」まま、あっという間に月日は流れていきます。

たとえ家でゆっくりお茶をするだけでも、そこに自分の「選択」があれば、それは立派な「ワクワクする予定」です。

・予定を主体的にコントロールできているか
・自分の予定を把握していて、すぐに即答できる状態にあるか

この2つが大切です。

Point

自分の予定を把握して、ココロのままに即答するクセをつけよう！

Section

02

手帳に聞けば、すべての予定を教えてくれる！

前項で、手帳の基本的な目的は予定管理であると、お伝えしました。その目的達成を一緒に手伝ってくれるのが、1人目の手帳の住人。「**秘書**」のような役割をしてくれます。

ドラマなどで、高そうな背広をビシッと着こなした社長が「今日の予定は何だね？」と聞くと、斜め後ろに控えている知的な秘書が、「本日は、午前中は社内会議、12時から○○社の田中様とランチミーティングが入っております」などと答えるシーン、一度は見たことがありませんか？

あの「秘書」の役割をしてくれます。

「秘書」は、一度聞いた予定はすべて把握し、あなたが知りたい日の予定を、仕事、プライベートのどちらも確実に教えてくれます。

あなたがやることはただ一つ、**「予定を伝える」**ことだけです。

ドラマに出てくる秘書と手帳の違いは、「伝え方」にあります。「人間の秘書」には言葉で、「手帳の秘書」には文字で伝えます。

予定が決まったら、その場ですぐ、文字で記入することで、よくありがちな記憶違いや聞き間違い、うっかりミスを防げます。

予定は水と同じで流れるものです。自分が乗り気になった予定は、その瞬間にキャッチしないと流れてしまいます。

そのときにつかんでいたら受け取れるものでも、後からでは手に入らないものはたくさんあります。

「幸運の女神には前髪しかない」という、レオナルド・ダ・ヴィンチの言葉があります。「チャンスは来たときにつかまないと、後からではつかめない」という意味です。

流れにのっている人は、来た瞬間にキャッチすることが自然にできている人。

自分の予定がわかり、その場で即答できる状態にしておくことは、幸運の流れにのるために必要です。

予定の管理2つのポイント

予定は、決まった瞬間に、手帳にすぐ書きましょう。

手帳を活用して、予定を完璧に把握してチャンスをつかむ機会が増えれば、自然とすべての予定を書くメリットを実感できると思います。

「秘書」に力を発揮してもらうために、あなたがやることはたった2つだけ。

・すべての予定を手帳に即記入すること
・朝と夜の1日2回、今日の予定と明日の予定をチェックすること

人との付き合いと一緒で、手帳を信頼して、任せれば任せるほど、力を発揮してくれるようになります。

人間の秘書だって、せっかく自分が横にいるのに、社長から全く予定を言われず、聞かれず、必要とされなければ寂しくなるのではないでしょうか。

手帳も、同じです。


「即記入」と「朝晩チェック」、この2つを続けることで、手帳とのよい付き合いができ、

・今まで余分にエネルギーを割いていたことを肩代わりしてくれる
・うっかりミスを防いでくれる

手帳使いの基本は
予定管理から！

予定が決まったら
すぐに記入！

寝る前に
明日の予定を
チェック！

・信頼される人間にしてくれる
・よい縁とチャンスを引き寄せてくれる
・1日を有効活用できるようにサポートしてくれる

など、手帳本来の実力を発揮して頼もしい味方となってくれるのです。

Point

「即記入」と「朝晩チェック」で抜けのない快適な1日を！

Section

03

「覚えるエネルギー」を「生産的なエネルギー」に変える！

日々の生活の中には、誰にでも、いくつかの「やるべきこと」があると思います。やるべきことの中には、期限、内容、約束、ノルマ、スキルアップの必要性など、さまざまな要素があります。

毎日の生活をこなしながら、同時にやるべきことにも意識を向け続けるのは、思った以上のエネルギーを必要とします。

やるべきことに意識を向けてエネルギーを注いでやり遂げることは、もちろん悪いことではありません。

問題なのは、**やってもやらなくてもエネルギーを取られてしまう**ということです。

思い切ってやりはじめてしまえば、たとえそのときにすべてやりきれなくても、行動したという達成感によって疲れが緩和されます。

でも、「やらなくては」と思いつつ全く行動できないと、エネルギーだけを取られて頭が消耗し、できなかった罪悪感と無力感が、疲労となってココロと体に降り積もります。

そうならないためには、今すぐ、やるべきことをすべてやってしまいましょう！

……というのは、なかなか難しいことかもしれません（実際、私にとっては難易度が高いです）。

でも、**「やるべきことを今すぐ手帳に書きましょう！」**であれば、カンタンだと思います。

予定は覚えなくていい

人間は、**「覚えておくこと」**に脳の多くの部分を使っています。

「明日ゴミ捨てに行かなきゃ」

「明日○○に電話しなきゃ」

といった些細な予定であっても、思った以上にエネルギーを使っています。

でも、手帳に書いておけば、「覚える」ために使っていた脳の領域が空きます。


「○曜日ゴミ捨て」

「○日に○○さんに電話をかける」

と手帳に書いたら、その予定はすっかり忘れてしまってＯＫ！

朝と夜、手帳に「今日（明日）やることは？」と確認すれば、「今日はゴミ捨てだよ！」「明日は○○さんに電話してね」と、「秘書」がちゃんと「やるべきこと」を教えてくれます。


すると、覚えるための領域が空き、自分のためにエネルギーを使えるようになります。これは、思いのほか膨大なエネルギー領域です。

これまで常に頭の中にあった「やるべきこと」を、自分で設定した実行日までは忘れていられるので、「やらなくては」と、頭に浮かぶたびにココロがどんより重く沈んだりすることがなくなるのです。

つまり、今まで知らずに奪われていたエネルギーを、本来発揮できるはずの生産的領域に使えるようになるということ。自分がワクワクすることや、自分と周りの人が幸せになるために使えるようになります。

Point

手帳記入で
「覚える」エネルギーを
幸せになるために使おう！

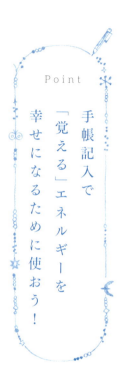

Section
04
自分のための時間を確保する！

手帳に予定を書き込むことのメリットは他にもあります。

先ほどお伝えしたように、日常生活の中には、「やるべきこと」があります。

やるべきことは思った以上に多く、期限、ノルマなど、仕事をしている人でも、していない人でも、日常に溢れているものです。

会社への書類提出期限、友達同士の集まりの幹事、子どもの行事参加の申込書……。

小魚たちが集まって大きな魚に擬態するように、**一つひとつは小さくても、そのこまごましたやるべきことが集まると巨大なプレッシャーとなってのしかかってきます。**

小魚が大きな魚に！

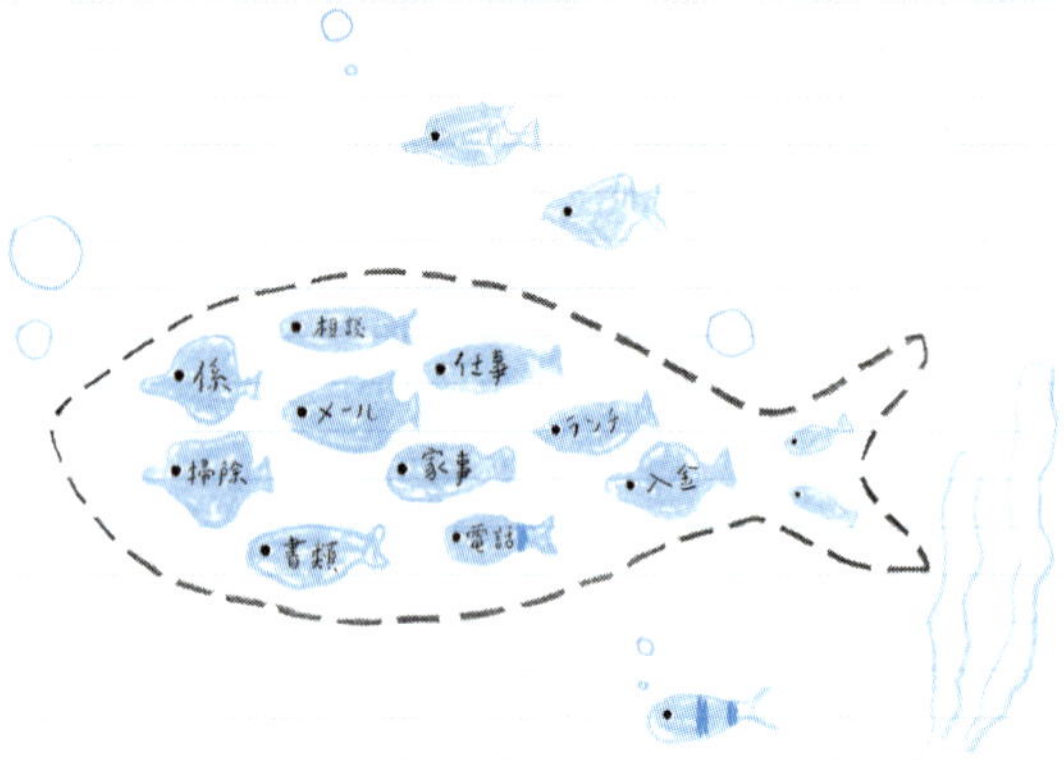

「雑用」という小魚も
集まると大きな魚のようなプレッシャーに

↓

Point

小さいうちに
「できること」と「できないこと」を見極めて、
抱え込みすぎないようにしよう

よく「私は大丈夫よ」「誰もいなければ私が引き受けるわ」と、とてもいい人なのだけれど、他者を思いやるだけで、自分を大切にできていない人がいます。

一つひとつは小さいかもしれませんが、後々になって「なんで私ばっかり」と思うことがあるとしたら、自分が請け負える容量以上のものを背負ってしまったのかもしれません。

そんな方は、**手帳に、やるべきことの最終期限と、実際に取りかかる日にちを書いてみましょう。**

手帳を眺めたときに、いろいろなやるべきことが重複して、自分の時間が極端に少ないようなら、予定を手放すタイミング。

「ちょっと頑張ればできること」の小魚がたくさん集まって、大きな魚になり、「やるべきことが多すぎて押しつぶされてしまう」ことにならないように、予定にはゆとりを持つようにしましょう。

☆「予定で埋めなくてはいけない」と思い込んでいませんか？

一つの落とし穴として、いつも忙しい方は、もしかしたらご自分の中に**「手帳を予定で埋めなくてはいけない」**という思い込みがないか、疑ってみてください。

私は、サロンで潜在意識にアプローチするヒーリングをしているのですが、この思い込みを持っている方が多いのです。

実は、私自身も「手帳を予定で埋める」ことに快感を覚えるタイプです。

ただ、昔から、どちらかというと人に会う外交的な予定ではなく、「○○の本を読む」「○○を学ぶ」「○○をやってみる」といった、内的な、ほとんど1人の時間についての予定ばかりでした。

でも、おうちサロンをはじめて、クライアント様の相談にのったり、講座を開講するようになってから、昔の「手帳を予定で埋める快感」が別の形で甦ってきたのです。

「1人時間」の予定は影を潜め、「仕事」に関する予定を次々と入れて、手帳のほとんどを仕事の予定で埋めるようになってしまったのです。

月に1回、予定を入れない日を設けるものの、その日も講座の資料をつくったり、事務仕事をしたり……。

ほぼ休みなしの生活を1年続けた結果、アトピー性皮膚炎が悪化し、一時期、顔がお岩さんのようになってしまいました。

「お客様の目を見てお話を聞き、目を見て話す」

そんな仕事をしているのに、見るも無残な状態で接客をしなくてはならないのは、お客様に申し訳なかったですし、自分の情けなさにショックを受けました。

「体に症状が出てしまうのは、ココロと体と気のバランスが崩れたとき」と、自分が一番知っていただけに、どうして自己管理できなかったのだろうと、自分を責めるような気持ちにもなっていました。

そんなことがあってから、反省し、試行錯誤を繰り返した結果、仕事や友人、家族といった、他者が関係する予定だけでなく、「お休み」「プライベート時間」などの、「自分のためだけの予定も手帳に書く」という、昔やっていた方法を復活させました。

空欄があると、休もうと思っていても、「なんとか、今月中に予約取れませんか?」と言われると、休み返上で受けてしまうことがあったので、**お休みも立派な予定として手帳に書くようにしました。**

お休み日は、気の合う友人とランチしたり、飲みに行ったり、興味のある分野を学びに行ったり、趣味の音楽に没頭したり、のんびり本を読んでゴロゴロしたり……。気ままに好きなことをする「自分のための1日」として手帳に書き込み、その日はリラックスして1日を過ごしています。

お休みを含めた「自分予定」を手帳に書くようになってからは、罪悪感を持つことなく、「断る」ということができるようになりました。

ムリに受けることをやめてからのほうが、お客様から「あのときは早く受けたいのに待たされていやだなあと思ったけれど、実際は今のタイミングで受けられてよかった。ベストタイミングでした！」と言われることも増えました。

自分がムリすることは、相手にとってもプラスにはならないのです。

もし、私のように「予定を埋める快感」を知っている方は、ぜひ、「自分予定」も記入して、「誰かのための予定」で窒息しないようにしてくださいね。

予定を手放して見えるもの

予定を手放すことを覚えると、たくさんの「やるべきこと」で埋もれていた、本当に「やりたいこと」が見えてきます。

私自身、時間にコントロールされ、時間をコントロールできていなかった昔に比べ、はるかに体調がよくなり、お客様から「理香さん、いつも元気ですね！」と、言っていただけることが増えました。

予定も掃除と同じで、「捨てる」ことが大切だと感じています。

手帳に書いてみると、それが、本当に自分にとって必要なことかどうかが見えてきます。いらない予定を手放すことで、今まで見過ごしてきた、本当に大切な、やりたいことが見つかるかもしれませんよ！

Point

自分のための時間も立派な予定！

Section

05

ワンコインで自分仕様にカスタマイズ！

それでは、具体的に、手帳にどのように記入すればいいか、そのやり方についてお伝えしていきましょう。

本書の手帳の基本は、

・月の予定を記入するページ
・1週間の予定を記入するページ（1日の時間軸があるもの）

この2つがあるものです。

この2つの基本さえ守っていれば、どんなサイズ、ページ数、デザインのものでもかまいません。私自身、毎年違うメーカーの手帳を使っています。

月ページは、あらゆる予定を記入する

月ページは、

- 決定したすべての予定の記入
- 未定であっても「?」マーク入りで記入

これが原則です。

未定の予定であっても、「?」マーク付きで記入しておくことで、後から「そういえば、できれば参加したいと思っていたのに、別の予定を入れちゃった!」ということや、「この前話してたランチ、どこにする?」と連絡が来てあわてて予定調整する

など、余計なエネルギーを使うことがなくなります。

また、そういったことを何度か経験すると、あいまいな返事による未定の予定はなるべく入れないようにするといった、効率的に予定を立てる習慣もつきます。

週ページについては、次項で詳しくお伝えします。

色を活用してカスタマイズ！

手帳に記入することで、自分にとってどんな時間が大切なのか、わかるようになってきたら、もう一工夫しましょう。

手帳用にたくさんのアイテムがあっても、使いこなせず続かないものですが、本書で手帳以外に登場するアイテムは、以下の4つだけ。

・3色ボールペン
・シール（3色カラーシール・好きなシール）
・小さめノート（A6サイズがオススメ）
・フセン

どれも100円ショップで買えるものばかりなので、すべて買っても、ワンコイン（＋消費税）程度です。

それでは、各アイテムの使い方をご紹介しましょう。

・3色カラーシール

自分の行動パターンを、大きく3つに分けて3色シールの使い分けをします。手帳を見たときに一目で、いつ、どんな予定が入っているのかが把握できます。

また、いつ、何をしたかの振り返りが楽になりますし、自分の1カ月の予定のバランス（何にどれくらいの日数を割いてるか）もわかります。

本書の巻頭ページの例では、赤は仕事、青はプライベート、緑は自分磨きという色

ワンコインでオリジナル手帳にカスタマイズ！

3色ボールペン

消せるタイプがオススメ

シール

お気に入りのシール

3色シール

小さい丸シールがシンプルで見やすい

フセン

小さめで丈夫な紙素材が長持ちする

小さめノート

私は手帳より少し小さいA6サイズを使用

アイテムの使い方

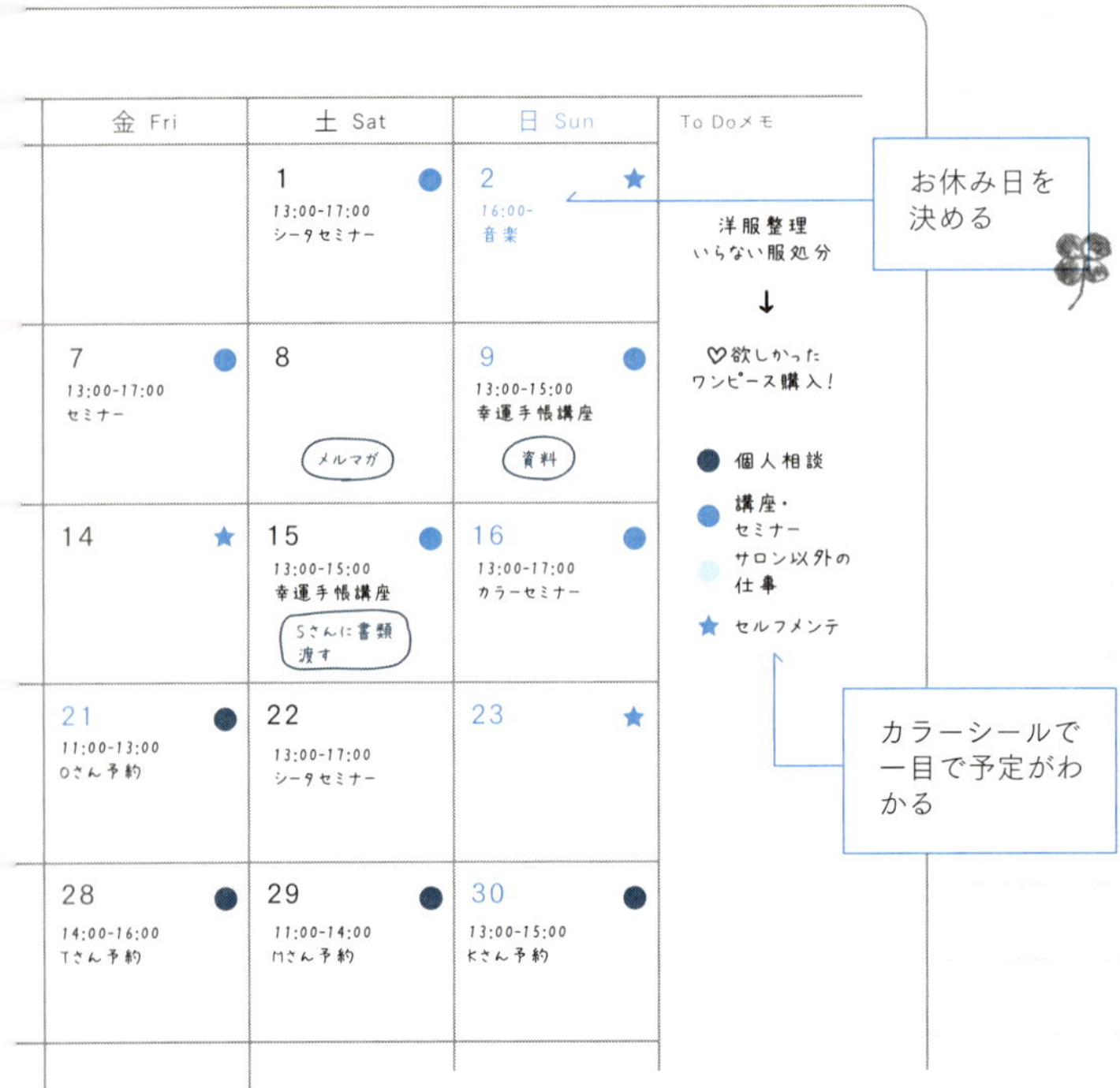

・3色ボールペンで予定の種類と重要度を把握
・3色シールで一目で分かる予定
・お気に入りシールでお休み日確保

3色ボールペンの使い分け例

黒:仕事の予定記入
青:プライベートの予定記入
赤:重要度の高い事柄の記入

3 MARCH

月 Mon	火 Tue	水 Wed	木 Wed
3 15:00-17:00 Mさん予約	4 11:00-17:00 数秘セミナー	5 11:00-12:00 Aさん予約	6
10 ピクニック	11 原稿	12 11:00- ランチ会	13 15:00-17:00 Sさん予約
17 11:30- Nとランチ	18 11:00-17:00 数秘セミナー	19 13:00-15:00 勉強会	20 12:00- 都内セッション
24 19:00-21:00 起業セミナー	25 姉宅?	26 13:00-15:00 幸運手帳講座	27 コラム
31			

プライベートな予定は青で記入

忘れてはいけないことは赤で記入

未定の予定は「?」で記入

分けにしていますが、私の場合、赤は個別カウンセリング、青は講座やセミナー、緑は外部でのセミナーなどサロン以外の仕事と、仕事の種類別に使い分けています。

・好きなシール

自分のための「お休みの日」に貼ります。気分の上がるシールを選びましょう。

私は、3カ月先くらいまでのお休み日をあらかじめ決めて、イチゴやクローバーなどのお気に入りのシールを貼り、「自分のためだけの時間」を先に確保しています。

・小さめノート

手帳のメモページは量が決まっているため、1年持たずになくなってしまうことがありますが、別途小さめノートを使うことで、量を気にせず書くことができ、手帳の活用度が高まります。

小さめノートは、願いや引き寄せたい未来を自由に書くページや、趣味、読書、自分磨き、旅行

私の手帳実物。小さめノートはカバーポケットに入れています。

等の情報など、アイデア次第でさまざまな使い方ができます。

小さめノートは、手帳のポケットやブックカバーに差し込み、手帳とセットで持ち歩きます。

ちなみに、私は100円ショップの3冊100円のA6判ノートを使っています。表紙には気に入った絵葉書を貼り付けて、オリジナルノートにしています。惜しげなく使えるので、オススメです！

・フセン

小さめノートの特に必要な情報や、大切にしたい願いなどを書いたページには、フセンを貼ってすぐに探せるようにしましょう。

・3色ボールペン

黒がベースカラーです。赤は忘れてはいけない大事なことの記入用。青は自分の行動パターンに合わせて使い分けてください（私は家族の予定用に使用しています）。

色を活用することで、視覚からダイレクトに情報を取り込む効果が倍増します。

その結果、一目で予定がわかり、色別に眺めたときに、自分が主にどんな予定に時間を取られているかがわかり、調整しやすくなる効果があります。

今回ご紹介した使い方をベースにして、どんどん自分なりのオリジナルな使い方を試してみてください。

きっと、使いやすくて愛着の湧く、自分だけの素敵な手帳になるはずです！

Point

アイテムを使って、
自分サイズの使いやすい手帳に
カスタマイズしよう！

Section

06

時間を生み出す週ページ記入法

週ページは、活用していない方も多いのではないでしょうか？　かくいう私も、何度も週ページの活用には挫折しています。

失敗を繰り返し、たどり着いた継続のポイントは「ゆるさ」でした。

・ギチギチに書かない（記入しない日があってもＯＫ）
・予定は移動時間を含めてゆとりを持って時間配分
・仕事や他者が関係ない、自分だけのワクワクする予定も書く

これらのポイントを前提とした書き方の決まりは、以下の2つです。

・やると決めたことの実行日を決めて、その日の実行可能時間に記入
・チェックボックス付きで記入する

「いつかやること」は、「いつまで経ってもやらないこと」にカンタンに変化してしまうものです。

会社や学校など、他者が関わることであっても、家事や趣味など、自分だけのことであっても、自分なりの締切日や、やる日を決めて手帳に書き込むことで、実現力が格段にアップします。

私自身は、週ページに記入するようになり、「実際にやる時間」を把握する習慣がつくと、その前後に活用できる時間があることに気づくようになりました。

今までは、「今日は仕事だからムリ」と、最初からあきらめていたことでも、実際に仕事をするのは10時から18時なので、朝や夜の時間は空いているのです。

週ページに記入するようになってから、夜開催のセミナーに参加したり、朝、気に

週ページの記入例

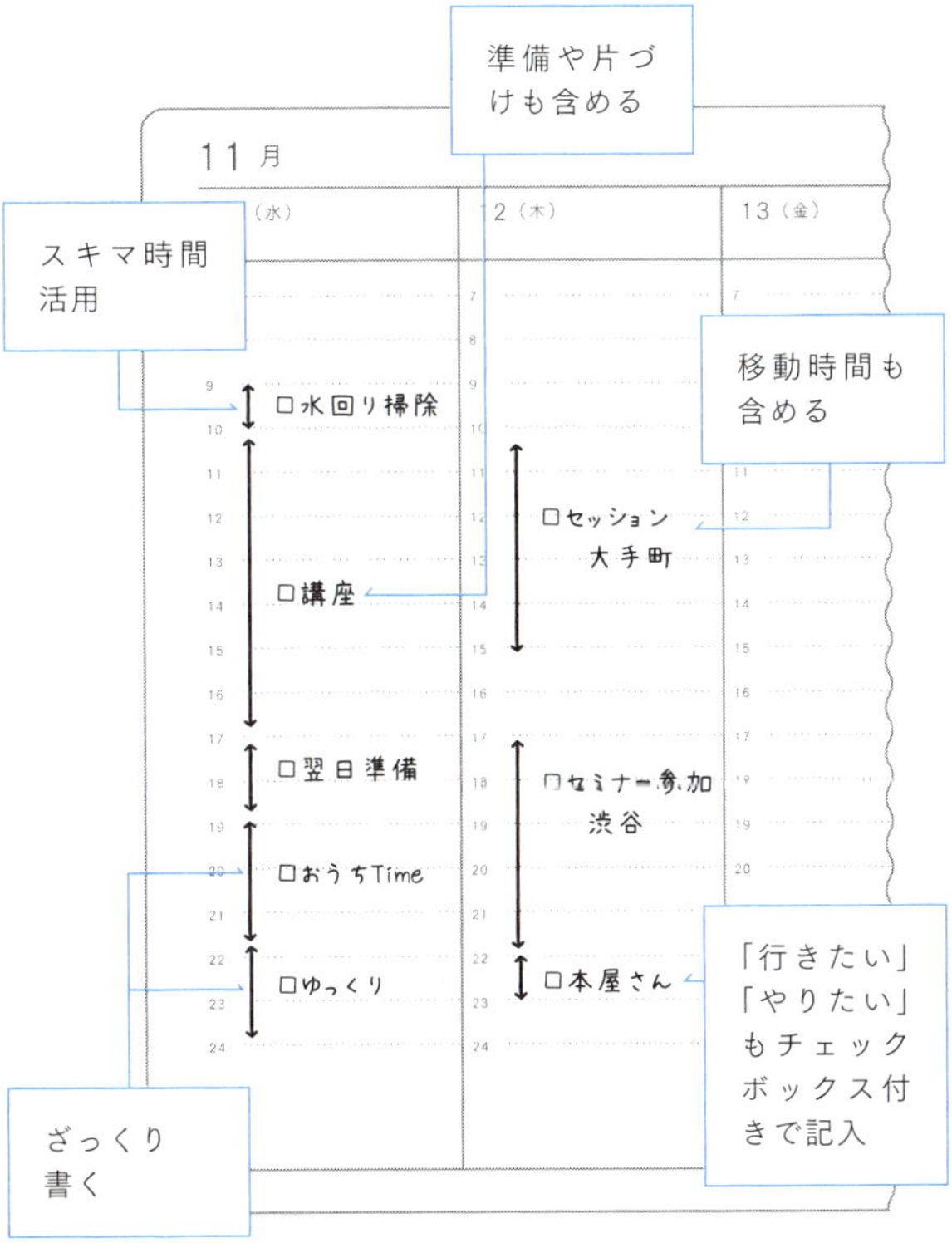
準備や片づけも含める
11月
(水)
12(木)
13(金)
スキマ時間活用
移動時間も含める
□水回り掃除
□講座
□セッション
大手町
□翌日準備
□おうちTime
□ゆっくり
□セミナー参加
渋谷
□本屋さん
「行きたい」「やりたい」もチェックボックス付きで記入
ざっくり書く

なる場所を掃除してみたりと、スキマ時間を見つけながら、1日を有効に活用できるようになりました。

タイムスケジュールというと、忙しいイメージがありますが、タイムスケジュールをゆるくでも把握することで、時間とゆとりが生み出されるのです。生み出された時間をリラックスタイムにしてもいいですね。

また、週ページの記入によって、時間の流れを把握することで、時間の大切さを実感することができます。

たとえば、いつも遅刻する人は、遅れることによって承認欲求を満たしたり（これだけ遅れても受け入れてくれる?）、相手の時間を奪うことへの罪悪感が希薄な場合（大して悪いことじゃないよね。しかたないもん）が多々あります。

でも、時間軸を意識することによって、遅刻は相手の時間を奪っているということに気づくでしょう。

約束を守らずに遅刻する人は信用されず、大事なシーンに呼ばれなかったり、大切な人に紹介してもらえません。

約束を守る誠実な人という、よいイメージを人に持ってもらうことで、よいご縁を引き寄せ、円滑な人間関係を継続させることができます。

週ページは、自分の時間にも、人の時間にも誠実に向き合うきっかけを与えてくれるのです。

☆時間をコントロールする人生に！

時間「に」コントロールされてしまう状態とは、「やらなければいけないこと」に支配され、過去の後始末に追われ、「いつも余裕のない状態」です。

時間「を」コントロールしている状態とは、未来に役立つことをしながらも、今、興味を持ったこと、やりたいことをやりつつ、「余裕のある状態」です。

仕事をしていなくても、時間に追われている人はいますし、毎日ハードに仕事をしていても、余裕のある人はいます。

現実の状態に関係なく、ココロの持ちようによって、「ゆとり」も「時間」も生み出せるのだと思います。


私は、自営業をはじめてから、いつも忙しいと感じていました。

でも、一度、手帳の週ページに自分の行動を書き込んでみたら、ゆっくりダラダラと過ごしている時間もたくさんあったのです。

なんとなくテレビを見たり、ネットサーフィンをして過ごしているときは、ココロも体も休まらず、気づいたら「時間だけが過ぎていた」のです。

手帳の週ページへの行動記録を通してわかったことは、「有意義な過ごし方ができていないこと＝時間がない」と、感じていただけだということ。自覚的に本を読んだり、ゆっくりお茶したときには満足感がありますが、無自覚にダラダラ過ごして数時間経っていたときにあるのは、後悔と疲労感です。

私の場合、ネットサーフィンとテレビを見る時間を大幅にカットしたことで、趣味のピアノを弾いたり、好きな本を読んだりと、やり終えたときに「満足感」を得られる時間の使い方ができるようになりました。

自分が、24時間という時間を、何に、どんな風に使っているかを、一度記録してみましょう。**自分の行動を、できれば1週間、少なくても3日間、手帳に記録してみると、自分から時間を奪っているものの正体が見えてきます。**

もし、それが自分を元気にしてくれるものであれば、これから先も、ぜひ予定に組み入れましょう。

逆に、必要ないと感じることであれば、思い切って「捨てる」という選択をすると、思っている以上の「ゆとり」と「時間」が生み出されます。

Point

24時間の行動記録で
ムダな時間のデトックス！

Chapter

3

「私の魅力」を120%引き出す！

輝かせてくれる「プロデューサー」

Section

01

原石を磨いて宝石にする「プロデューサー」！

「みにくいアヒルの子は、ある日、真っ白で美しい白鳥になりました」

見た目が違うことで兄弟たちに虐げられていたみにくいアヒルの子は、実は美しい白鳥だったということがラストでわかる「みにくいアヒルの子」のお話。

容姿や能力など、コンプレックスのかたまりだった幼い頃の私は、白鳥に変身するところが大好きで、そのシーンだけ何度も繰り返し読んだ童話です。

他にも、魔法使いの魔法できれいなお姫様に変身する「シンデレラ」、映画では「ベストキッド」「スパイダーマン」「プリティ・ウーマン」など、「マイナスからスタートしてプラスに転じる（変身する）ストーリー」は、映画・ドラマ・小説など、さまざまな分野で数え切れないほど伝えられています。

それだけ、人は、最初は全く冴えない存在だった人物が山あり谷あり、起伏のあるできごとを乗り越えながら大きな変化（成長）を遂げ、最後はハッピーエンドになるお話が好きなのでしょうね。

そう、**変身願望は人の本能**です。

今回登場する手帳の住人は、主人公をピカピカに磨いて輝かせてくれる変身ストーリーでのキーマンとなる、**「プロデューサー」**のような役割を担っています。

☆あなたが決めたゴールに向かって課題を出してくれる

映画「マイ・フェア・レディ」をご存じでしょうか？

オードリー・ヘップバーン扮する下町の花売り娘イライザが、ヒギンズ教授によって一流のレディに成長していくシンデレラストーリーです。

「プロデューサー」は、ヒギンズ教授のように、課題を与えてくれます。映画と違うのは、「マイ・フェア・レディ」では「舞踏会で通用する一流のレディ」がゴールでしたが、手帳の「プロデューサー」は、**あなたが設定したゴールに適した課題を与えてくれる**というところです。

そして、その課題もあなたと相談しながら決めていきます。**課題を1つずつ実行していくことで、1年後には理想とする自分に大きく近づいている**ことに気づくでしょう。

自分が主人公のシナリオを書こう

「そうは言っても、そもそも〝なりたい自分〟がわからない」という方もいらっしゃると思います。

“なりたい自分”を幸せな気分で
思い描こう！

手帳に力になってもらうための最大の秘訣は、**「自分の人生のシナリオは自分で書く」**と決めることです。

今まで、思い描く前にあきらめたり、想像したことがなかったとしても、それは「過去」のこと。いつからでも「理想の自分」になることは可能です。

ぜひ、この機会に、一度じっくり自分と向き合って、「本当になりたい自分像」を明確にしてみませんか？

Point

自分の人生は自分で
決めることが、「最高の自分」に
近づく第一歩！

Section

02

どんな「私」になりたい？

「なりたい自分」に、いい悪いはありません。

法に触れる、人を傷つけるなど、誰かに迷惑をかけること以外は、誰が何と言っても、自分がいいと思えば、すべてOKです。

中学時代、暗くて人と自然に話すことができなかった私は、同じクラスのかわいくて明るくて友達が多く、女子とも男子とも自然体で話せるNちゃんを羨望の眼差しで見ていました。

その頃の私に「どんな自分になりたい？」と聞いたら、きっと「Nちゃんみたいに、誰とでも自然体で話せる人！」と、答えていたと思います。

元々気負いなく人と話せる人にとっては、「そんなちっぽけな願い」と思われるでしょうが、わかっていてもそれができない本人にとっては切実なのです。

その頃、本音で話せるような友達もいなかった私は、**なりたい自分、将来の夢、悩み、いつか変身した暁にはどんな毎日を過ごしたいか**など、1人妄想をふくらませては、1冊のノートに書いていました。

家族にも笑われそうで言えないことも、すべて書いていました。まるで何でも話せる親友に打ち明けるように。

そのときノートに書いた、

- 普通に人と話せるようになる
- 好きなことをして生きる
- 行きたい場所に行ってやりたいことをする

・自由に生きる
・猫を飼う（拾ってきた猫を親の反対で飼えなかった経験があった）
・人前でも緊張しないで話せるようになる

といった「将来の夢」や「なりたい自分」は、人から見たら些細な願いかもしれません。

でも、その頃の私は「現実にムリそうだけど、叶ったらすごい！」と思っていたので、そのとき書いたほとんどのことが現実になっている「今」に感謝し、素直に喜んでいます。

今、あなたに見つめてほしいと思っている「理想の自分像」も、書いているときは「こんなの書いても叶うわけない」と思うかもしれません。

でも、そうありたいと願わなければ、それはもっと「叶わない夢」になってしまいます。

人からどう思われるか、親や周りにどう評価されるか、常識的か、手が届くか、かっこいいかなど、**社会や周りの概念にとらわれず、純粋に「こうなったらうれしい」「こんな私って素敵」と感じられることだけを書きましょう。**

これを書くのは、手帳巻末のメモページか、2章5項で紹介した小さめノートがオススメです。

いい・悪いの制限を外そう

「なりたい自分」「なりたい将来」は、一度ココロのブロックを外して解放すると、どんどんイメージが溢れ出すようになります。

一度書き終えてからも、素敵な人を見かけたときや、刺激を受ける本を読んだときなど、何かのきっかけでココロが動いて「いい！」と思った瞬間に、どんどん記入しましょう。

自分の中に全く実現する要素がない事柄に関しては、私たちのココロは動かないも

のです。感動したり、うらやましいと思ったりすることは、自分自身の中に、実現するための種があるということです。

私の場合でいうと、お正月の箱根マラソンを見ていて「すごいなあ」とは思いますが、「うらやましい」と思ったことは一度もありません。それは、私にマラソンの才能がないからです。

でも、自宅を教室にして、紅茶のいれ方を教えている女性を紹介するテレビを見たときには、心から「うらやましい」と思いました。

20数年前、幼稚園の先生をしていたときのことです。6畳一間、お風呂は共同の古いアパートで、偶然つけたテレビ番組でした。

紅茶のいれ方ではありませんが、自宅で相談にのったり、いろいろな資格講座を開いている今、あのとき見たテレビの中の女性に近い日々を過ごしています。

ココロに素直になり、自分の中に眠っている種を見つけて、たっぷりと「希望」と

思い描けた未来は
現実になる種を持っている！

いうお水をかけてあげましょう。

注目した途端に、ココロにアンテナが立って、現実化に必要な情報とチャンスを引き寄せはじめます。

そのための第一歩が、**「なりたい自分を明確にすること」**なのです。

たとえ、途中で目指す自分が変わってもいいのです。

どうぞ、「できる・できない」「いい・悪い」の制限を外して、自由にイメージしてみてください。

理想像を思い描くことで現実が近づいてきます。

Point

なりたい自分を
自由にイメージして
現実に引き寄せよう！

Section

03

月に1つずつきれいになる！

「なりたい自分」が明確になったら、それを毎月のチャレンジ課題に落とし込んでいきましょう。

先ほどの映画「マイ・フェア・レディ」では、主人公イライザはレディを目指して、まずは訛りを直し、正しいアクセントやイントネーションの練習からはじめます。

毎日の厳しい訓練に耐え、とうとう、ずっと言えなかった「スペインの雨は主に平野に降ります」というセリフを、イライザが正しい発音で言えるようになります。

イライザはうれしくて、ヒギンズ教授や特訓の出資者であるピッカリング大佐とともに喜び、はしゃぎながら歌い踊る、ヘップバーンのキュートな魅力がはじける印象的なシーンです。

このシーンが、映画を観た多くの人たちの胸を打つ理由は、イライザが努力によって「さなぎから蝶に変身するための大きな一歩を踏み出した瞬間に立ち会ったこと」への感動からくるものだと思います。

イライザはこの後、上流階級のマナーや立ち居振る舞いを学び、とうとう完璧なレディになって舞踏会デビューを果たすのですが、一番大きな変化を遂げるのが、このシーンです。

それだけ、**最初の一歩は大変なものであり、できたときの感動も大きい**のです。

手帳の「プロデューサー」とあなたの決めたチャレンジ課題も、イライザの正しい発音と同じです。

「毎月の課題を決めて取り組む」という、今までやっていなかったことをはじめるときには、最初の月は腰が重くなるかもしれません。

でも、最初の1つをクリアし、次にもう1つ……と続けていくと、きっと、最初に比べてどんどん楽にクリアしていけることに気づくでしょう。

小さな変化からはじめて習慣化を目指す

変化を起こすときのポイントは、**「最初は小さな変化から」**。

人は防衛本能があるので、いきなり大きな変化を起こそうとすると、本能が「キケン」と判断し、拒否反応を示します。

拒否反応は、さまざまな形で出てきます。

- ダイエットしようとして食事を減らした翌日の過食
- 早起きしようとして朝4時に起きた日の昼寝
- マラソンをスタートして3日でモチベーション低下
- 英字新聞を毎日5ページ読むことを決め、5日で燃え尽きなど、あっという間に挫折して、「自分はなんて意志が弱いんだ」と思っていたことの多くは、実はこの「防衛本能」によって元の状態に戻そうとしていたことが原因である場合が多いのです。

大きな変化を起こすと、防衛本能が過剰に反応して、元の状態に戻そうとします。それを防ぐためには、小さくはじめて自分に「安心」してもらうことが大切です。やる気に満ちているときには、大きな変化が欲しくなり、課題も大変なことを選びがちですが、あえてカンタンにできることを選びましょう。

先ほどの例でいえば、

- 理想の体型をしている憧れのモデルの写真を携帯の待ち受けにして、自分がそうなることをイメージする
- いつもより10分だけ早起きする

・会社の1駅前で降りて歩く
・英字新聞を毎日15分だけ読む

など、少しのエネルギーでカンタンに実行できることで、今まではやっていなかったことをテーマに選びましょう。

カンタンにできることを継続することで「習慣」になります。「習慣」になってしまえば、意識しなくても自然に実行するようになります。

自分が磨かれる行為を自然に実行できれば、「素敵な自分」にならないわけがありません。365日で変身しないほうが不思議です。

「理想の自分はあるけど、どうせムリだし」と、何の行動もしない私。
「理想の自分に近づくために、今できることをしよう」と、コツコツ課題をクリアしている私。

どちらが魅力的でしょう？

「理想の私」を自由に思い描き、手帳の1ページに書き込んだら、月ページに「理想の私」になるための課題を書きましょう。

手帳を開くたびに「プロデューサー」が「理想の自己像」を思い出させてくれ、課題を教えてくれます。

夢中になって理想に向かい、1つの課題をクリアした瞬間の喜びと自信を全身で表現したイライザのように、キュートで魅力的な女性になりたいですね！

Point

小さな変化へのステップをのぼって「魅力的な私」に！

Section

04

外見の魅力を引き出そう！

あるテレビ番組で、汚い身なりをした人と、背広を着た人が、「電話をかけたいけど、携帯を忘れて細かいお金がない」という理由で道行く人に電話代をもらうという実験をやっていました。

実験の結果、背広の男性にはすんなりお金を渡すのに、汚い身なりの男性には、渡すどころか、声をかけられないように足早に通りすぎる人がほとんどでした。

「人間、中身が大切！」というのは真実ですが、「人は見た目が9割」も、ある意味真実です。

私たちには、自分の身を守ろうという本能があります。そのため、キケンになる可能性があるものには、なるべく近づきたくないと思うのです。

前記の実験でも、体が大きく、自分で自分の身を守れる男性よりも、女性のほうが足早に通りすぎる割合は高いものでした。

自分の見た目に気を配るということは、相手に安心感を与えるということ。マナーは、相手が気持ちよく過ごすための「思いやり」だといいますが、清潔感があり、TPOに合う身なりを心がけることは、同じ場と時間を共有する、周囲の人たちへの思いやりでもあるのです。


自分が好きな服を着ることはとても素敵なことですし、「誰が何と言っても、これを着たい！」と思ったら、時にはその衝動に従ってもいいと思います。それは、自分自身を解放することにもつながりますね。

ただ、色選び一つで、とても素敵に見えたり、野暮ったく見えることがあるのも事実。**自分はどんな色、どんなスタイルが似合うのかを研究することは後々の財産にもなる、有効な時間の使い方**だと思うのです。

隠れていたあなたの魅力を伸ばしていこう

とはいえ、どんなときにどんな格好をしていけばよいのか、悩む方も多いのではないかと思います。

私も、全くおしゃれに縁がなかった人生だったので、よく迷います。ただ、元から自分は未熟だと自覚しているので、人に聞くことへの躊躇がありません。ですから、いただいたアドバイスをもとに、着ていく服を選ぶようにしています。

たとえば、友達に服選びに付き合ってもらったり、プロにお願いしたりしてもいいでしょう。ＴＰＯに合わせ、なおかつ自分自身が魅力的に見える洋服や髪形を見つけることは、「自分自身を大切にする」「自分自身を受け入れる」ことにつながります。

自分自身に向き合い、受け入れ、外見の魅力を引き出す努力をしていくと、**隠れていたあなた自身の魅力が表面に出て輝き出します。**

自分が魅力的に見えるコーディネートが見つかったら、ぜひそれを手帳に書いてください（服のコーディネートの記入方法は次項で詳しくお伝えします）。

人は、**注目されたところが成長していく**、という性質があります。

今まで全くおしゃれに興味のなかった人でも、手帳に記入するようになり、意識が向きはじめると、理想の姿の人と知り合ったり、テレビや本などでいい情報が得られたりと、さらにいい結果が出るような情報やチャンスが自分のもとへやってきます。

直感に従って、その波に素直にのってみると、少し前の自分では想像していなかったような変身への扉が開かれているかもしれませんよ！

Point

自分や周りの人を
大切にする気持ちを
外見でも表わそう

Section

05

コーディネートイラストで服選び！

外見の魅力を表わすときに、後から助かることが多いのが、「コーディネートイラスト」です。

コーディネートイラストは、着ていた服を手帳の週ページの余白に描きます。

続けるコツは、簡略化すること。私はカンタンなイラストで描いていますが、文字やマーク程度で十分です。

人に見せるものではなく、自分さえわかればいいので、あまり凝りすぎず、カンタンなイラストやマークにしたほうが長く続けられ、結果も出ます。

私がこれをやり出したきっかけは、毎日洋服を変えているものの、服のローテーションが決まってきて、ふと気づくと、毎週火曜日に同じ服を着ていたからです。

お客様によっては毎週同じ曜日に来る方もいますので、毎週火曜日にいらしていたお客様の前で、毎回同じ服を着ていたことになります。とてもおしゃれで、細かいところにも行き届いた方だったので、気づいたときは結構ショックでした！

そんなことがあってから、少しは洋服にも気を配ろうと思い、手帳にコーディネートイラストを描くことにしたのです。

しばらく続けていくと、私のコーディネートは、大きく3つのパターンに分かれていることがわかりました。

・おうちサロンでのセッションや講座
・外部でのセミナーや講演会
・プライベート

この3つのTPO別にコーディネートしていたのです。

あなたも、1カ月ほどコーディネートイラストを続けてみると、いくつかのパターンが見つかるはずです。服のパターンがわかるだけでも、自分がどんな風になりたいのかが見えてきますし、買い物のときにも役立ちます。

雑誌で見つけた、いつか着たい服の切り抜きを、手帳に貼るのもおススメです。

どんな自分になりたいか、服選びの基準をつくる

自分のコーディネートパターンがわかったら、そのときの自分はどう見られたいか、服選びでどんなことに注意しているかに注目してみましょう。

ちなみに、私がそれぞれのTPOで服を選ぶときの基準は、次の通りです。

・**おうちサロン**……ヒーリングサロンの雰囲気を意識。長時間の床座りでも疲れない、ゆったりとした癒し系の服。主にロングスカート。

・外部でのセミナーや講演会……ビジネスモードな雰囲気を意識。奇抜すぎず、清潔感のある服。主にスーツ。

・プライベート……自分の好きな服。その日の気分に合わせて自由に。主にジーンズ。

電車に乗っての会社勤めの経験がなく、幼稚園教諭時代は徒歩1分のアパートだったのをいいことに、ジャージ通勤をしていた、着るものに無頓着だった私にとっては、手帳に描いておけば、あとで着るものについて悩まなくてすむので、手帳の存在はとても心強いものでした。

私の場合は仕事重視で記入をしています。これを実行してくれている生徒のAさんは、仕事のときの服装は記入せず、彼とのデートや、友達と遊びに行くときなど、プライベートの服装だけを記入しているそうです。

Aさんは、「今まで、デートの前にはつい洋服を買ってしまっていたのですが、手

活動パターンに合わせて
自分のコーディネートを分類

ゆったり
癒しの雰囲気

サロンでの服

カチッと
ビジネスモード

セミナー講師の
ときの服

気分に合わせた
自由な服

プライベートの服

Point
自分だけがわかればいいので、
簡略化したイラストでOK!

帳に描くようになってから、前回何を着たかがわかって、少し組み合わせを変えてみたりして、工夫できるようになりました！　余分に服を買うことがなくなったからお金が貯まるようになったし、友達に服を褒められることも増えました。肝心の彼はあんまり気づいてくれていない気がしますけど」と、笑いながら話してくれました。

コーディネートを「プロデューサー」に伝えて、時々見直してみてください。おしゃれのレベルが私と同じく初心者の方は基礎を身につけることができ、上級者の方はさらにステップアップすることができますよ！

Point

コーディネートイラストは自分の活動パターンの見直しにもなる

Chapter

4

人生のシナリオを書いて階段をのぼる！

道を示してくれる「ガイド」

Section

01

目的地を「ガイド」にはっきり伝えよう！

次に登場する手帳の住人は、この場所に行くと決めたときに案内をしてくれる、道先案内人、**「ガイド」**の役割をしてくれます。

3章の「プロデューサー」は、「なりたい自分」になるためのサポートをしてくれましたが、「ガイド」は、行きたい場所に行くためのサポートをしてくれます。

自分ではつい横道にそれてしまい、最初に行きたいと思っていた場所からは遠く離れたところに流されてしまったり、時には自分がどこに行きたいのかさえわからなくなってしまうことがあります。

「ガイド」に伝える（手帳に書く）、聞く（手帳を見る）ことで、いつでも道を指し示してくれるでしょう。

「ガイド」に力になってもらうポイントは、**自分がどこに行きたいか、五感をフル活用して、より具体的に伝えること。**

たとえば、「100億円手に入れる」という目的があった場合。

100億円という数字の羅列を思い浮かべるのと、100億円あったら何に使うかをイメージし、南の島の風や、スポーツカーに乗っているところ、理想の家での生活を思い描くのと、どちらがワクワクしますか？

ほとんどの方は後者ではないでしょうか。

味覚、聴覚、触覚、視覚、嗅覚で「目的地に到達した自分」を感じることで、「ガイド」にしっかりと行き先を伝えることができます。

☆「ガイド」に伝えて、夢が現実化した私の例

私の例でいうと、私はずっと本を出版したいと思っていました。

長い間、幼稚園教諭など子どもの教育関連の仕事しかしていなかったので、周りの人に言うと笑われたり、「叶ったらいいね～」と、力ない返事をもらったり……。数人をのぞいて、ほとんどの人には本気にされませんでした。

でも、自分だけは「いつか出版する」と思っていました。

2012年に入ってからは、

- 9月に本の企画書を書き上げる
- 12月に出版決定！
- 2013年出版！　たくさんの人に喜ばれて、長く読み続けられる本になる！

と、「引き寄せたい未来」を勝手に手帳に書いていました。
そして、寝る前にはイメージしながら眠りにつくようにしていました。

具体的にどんなイメージを浮かべていたかというと、

「本のにおい」
「その本を持ったときの重さ」
「自分の本が書店に並んでいるのを見て、じんわりココロがあたたかくなる」
「出版パーティを開き、大好きな人たちが挨拶をしながら会場に入ってくる」
「スポットライトの当たる中、汗ばむ手でマイクを持ちながら話す私」
「お世話になった方々にお礼を伝えると、あたたかい拍手が返ってくる」

など、「引き寄せたい現実」を具体的に思い浮かべては、1人ニヤニヤしながら眠りについていたのです。

そんな中、全く出版業界にツテがない状態から、ある著者の方と知り合い、出版企画会議に出席することになりました。2012年の11月のことです。

参加者は全員企画書を出すものと勘違いした私は、初参加にもかかわらず、書き上げてあった2つの企画書のうち、1つを選んで手を加え、事前に提出しました。

当日、参加してみたら、出席者のほとんどは男性。数少ない初参加の方たちは「今回は様子見で来ました」と、プレゼンをしない人ばかりでした。

会議では、企画書に対して、編集者や著者候補の方が率直な意見を交換し合うという、私にとっては未知の世界が繰り広げられていました。

それまで、会議といえば、幼稚園や保育園での、ほぼ女性だけで行なう、おしゃべりを含んだ話し合いしか経験したことのない私は、「場違いだった」と、初参加で雰囲気を知らないのに企画書を出してしまったことを半分後悔していました。

恐れおののきながらも、「目の前にいるのは園児だ」と自分に言い聞かせながら、プレゼンしました（後から思うと失礼な話ですね……反省）。

すると、その企画が編集者さんの目にとまり、後日出版社に来るように言っていただけたのです。

そして、翌月の企画会議で、私の企画の出版が決定しました。

それが、2012年12月。

手帳に「出版決定！」と書いた、まさにその月です！

そして、2013年の9月に、叶えたかった出版が実現しました。書店に平積みになっている自分の書いた本を手に取るという妄想が現実になったのです。

そして、さらに2カ月後の出版パーティで、お世話になった方々にお礼を伝える際に、マイクを持つ手が汗ばんでいるのに気づいたとき、思い描いていた夢がすべて現実になったことを実感しました。

目的地探しからはじめよう

私の場合、手帳の「ガイド」に「出版したい」という行き先を伝え、五感を使ったイメージをしてから、約1年で目的地に到着することができました。
人によって、行きたい場所によって、もっと早く到着することも、もう少しかかることもあると思います。

でも、共通して言えるのは、**「目的地を明確にする」という行為がなかったら、到着できない**ということです。

まずは、自分の中にひっそり眠っている「目的地探し」からはじめてみましょう！

Point

望む未来を手帳に書いて、五感イメージで味わおう！

Section 02

「未来」から「今」にさかのぼる思考法でうまくいく！

「過去の自分」からスタートして、未来を思い描くやり方だと、そこに「制限」が発生します。

今まで成功体験がないことに関しては、「できるはずがない」と、願う前からあきらめてしまいがち。失敗したり、いやな気持ちを経験したことに関しては、「また同じように失敗するに決まっている」と、最初から決めつけてしまったり……。

手帳に書く前から「叶うわけがない」と思い込んでいるとしたら、それは、いつまで経っても「叶わない願い」となります。

だからといって、自信がないことに対して「自信を持って」というのも、ムリな話です。

本書では、「前向きに考えるべき」「いいことだけを話すべき」といった精神論ではなく、**「過去はひとまず置いておいて、未来に焦点を当てる」**ことをオススメします。

今までの過去を反省して未来につなげる思考ではうまくいかなかったことが、「未来」から「今」に向かう思考に変えることでうまくいきはじめます。

10年後、5年後から逆算！

目的地を決め、長期的な目標を立てたら、

10年後はどうなりたいか？
5年後はどうなりたいか？
1年後は？
半年後は？

目的地までの階段を逆算しよう

と、徐々に短期的なスパンの目標に落とし込んでいきましょう。

ずっと上のほうにある目的地に行くために、階段をつくり、一歩ずつのぼるイメージです。

目標は、行動レベルに落とし込むことで、やっと実行力が伴います。階段を一段ずつでも歩み進めていくことで、ずっと遠くに感じていた目的地が、気づいたら目の前に広がっていることでしょう。

中島みゆきさん作詞作曲の「宙船（そらふね）」という曲の中に、「その船を

漕いでゆけ　おまえの手で漕いでゆけ　おまえが消えて喜ぶ者に　おまえのオールをまかせるな」という歌詞があります。

当たり前のようでいて、つい人がやってしまいがちなことをついたメッセージです。

目標を立てると、それを批判する人も、笑う人もいるかもしれません。でも、誰にどう思われても、自分のココロがそこに行きたいのであれば、一歩でも二歩でも、その方向に足を進めてみましょう。

到達できるかどうか、そこに行ったらどうなるか、人からどう思われるかなど、気にしはじめたら、足がすくんでしまいます。

でも、その結果、何もやらない人生を選んだら、後悔することになるはずです。

お年寄りに行なった、あるアンケートで、「人生で後悔していることはありますか？」という質問に対し、ほとんどのお年寄りは「やらなかったこと」を挙げ、「結果を気にせずにやってみればよかった」と、答えているそうです。

やって失敗した後悔よりも、やらなかった後悔のほうが、年を重ねても消えないほ

ど大きいのだと、この結果から見えてきます。

自分のココロに正直になって、航海への地図づくりをすることには何のリスクもありません。

「好きだと伝えればよかった」「チャレンジすればよかった」「行ってみればよかった」「親孝行すればよかった」……後から、そんな後悔をすることにならないよう、少し勇気を出して、自分の気持ちに正直になってみましょう。

「手帳に書く」という小さな一歩を踏み出すことで、望む現実というゴールにぐっと近づくことができるのです。

Point

ゴールを目指して
小さな一歩を踏み出そう!

Section

03

行きたい場所がわからない人への質問

「そうは言っても、そもそも将来、どうなりたいかがわからない」と、目指す目的地が思い描けない方もいると思います。

そんな方たちは、なりたい自分やなりたい未来が「ない」わけではありません。ただ、「わからない」「見えない」だけなのです。

なりたい未来を思い描けない人が、ココロの中にある理想の未来を見つけるための質問があります。小さめノートを用意して、自由に答えを書いてみてください。

①「いやなことや不満なことは何ですか?」

この質問に、思いつくまま答えたら、次の質問です。

②「では、どうなりたいですか?」

「できる・できない」のジャッジはせずに書いてください。

私の場合、「いやなことや不満なことは何ですか?」の質問には、

・満員電車に乗るのがいや
・いやな人に頭を下げるのがいや
・うるさい環境はいや
・単調な仕事はいや

「では、どうなりたいですか?」の質問には、

・家で仕事をしたい
・頭を下げなくても選ばれる働き方がしたい
・静かな環境で好きな音楽を流して1日を過ごしたい
・アイデアを形にするような創造的な仕事をしたい

こう、書きました。

質問のワークを通して、「おうちサロンで好きなことをメニューにして提供し、共感してくれるお客様に囲まれ、好きな音楽を聴きながら穏やかな毎日を過ごす」。こんな理想の自分、理想の未来が見えてきたのです。

☆自由にイメージすることを自分に許そう

望む未来を思い描けない人は、悲観的で、人のために生きてきてしまった人が多いと感じます。

そんな、自分を律しすぎて気持ちを見つめる習慣がなかった方は、純粋に夢を思い描くのが難しい傾向にあります。

私のサロンに相談に来てくださった方も、はじめは「どうなりたいかわからない」と言っていたのに、「なりたい」ではなく「なりたくない」という逆からの問いかけだと急に答えが見つかり、スラスラと話しはじめるケースをたくさん見てきました。

一般的に、ネガティブな発言はよくないとされていますが、自分の本心を知るためには、時として「いやなこと」を自覚するのも一つの有効な方法です。

質問ページにはフセンを貼って時々見返すと、現実を引き寄せる力が高まります。

Point

「いやな現実」を反転させると、「引き寄せたい未来」が見える！

Section

04

欲張るとうまくいく！

引き寄せたい未来を思い描くコツがわかったら、とにかくたくさん書き出しましょう。**願いは多ければ多いほど、叶うスピードが増します。**

1つしか願いがないと、潜在意識は、それを一生をかけて叶えようとします。

一方、100個、200個と、たくさん願いがあれば、よりスピーディに願いが現実化されます。願いがたくさんあると、どんどん叶えなければ、一生のうちに実現しきれないからです。

ただ、注意しなくてはいけないのが、**潜在意識の恒常性機能**です。

抜きん出て1つだけが突出することを、潜在意識は好みません。今までバランスが取れて安全だったものが変化し、バランスが崩れることを恐れ、対処しようとするのです。カンタンに言えば、出る杭を打って、他と同じ高さにしようとする機能があるのです。


「ダイエットさえうまくいけば、恋も仕事もうまくいくのに」

「お金さえあれば、すべてよくなるのに」

といつも言っている人は、いつまで経ってもいい変化がやってこないものです。

エネルギーバランスを保ちながら、願望を実現させるためには、仕事のことばかり、家庭のことばかり……と偏った望みばかりを書くことなく、

①個人
②家族（パートナー）
③仕事（勉強）
④夢

4つの領域で、願いをたくさん書きましょう。
そうすることで、1つが抜きん出ることなく全体的に底上げされるので、他の領域に足を引っ張られることなく、スムーズに願いを実現させることができます。

✡ 4つの領域のバランスはいいですか？

短期的な成功だけを求める、打ち上げ花火のような生き方をする人は別ですが、成功が長く続いている人は、さまざまな領域をうまく生かして、バランスを取っているものです。

私は、次ページの図のように、「マインドマップ」をカンタンにした手法で、願いを書いています。
以前、これを書いたときに、仕事の願いばかりがふくらんで、他の領域があまり浮かばないときがありました。書いてみたことをきっかけに、自分の中のアンバランスさに気づき、それからは他の領域にも目を向けるようになりました。

マインドマップで願いを書き出す

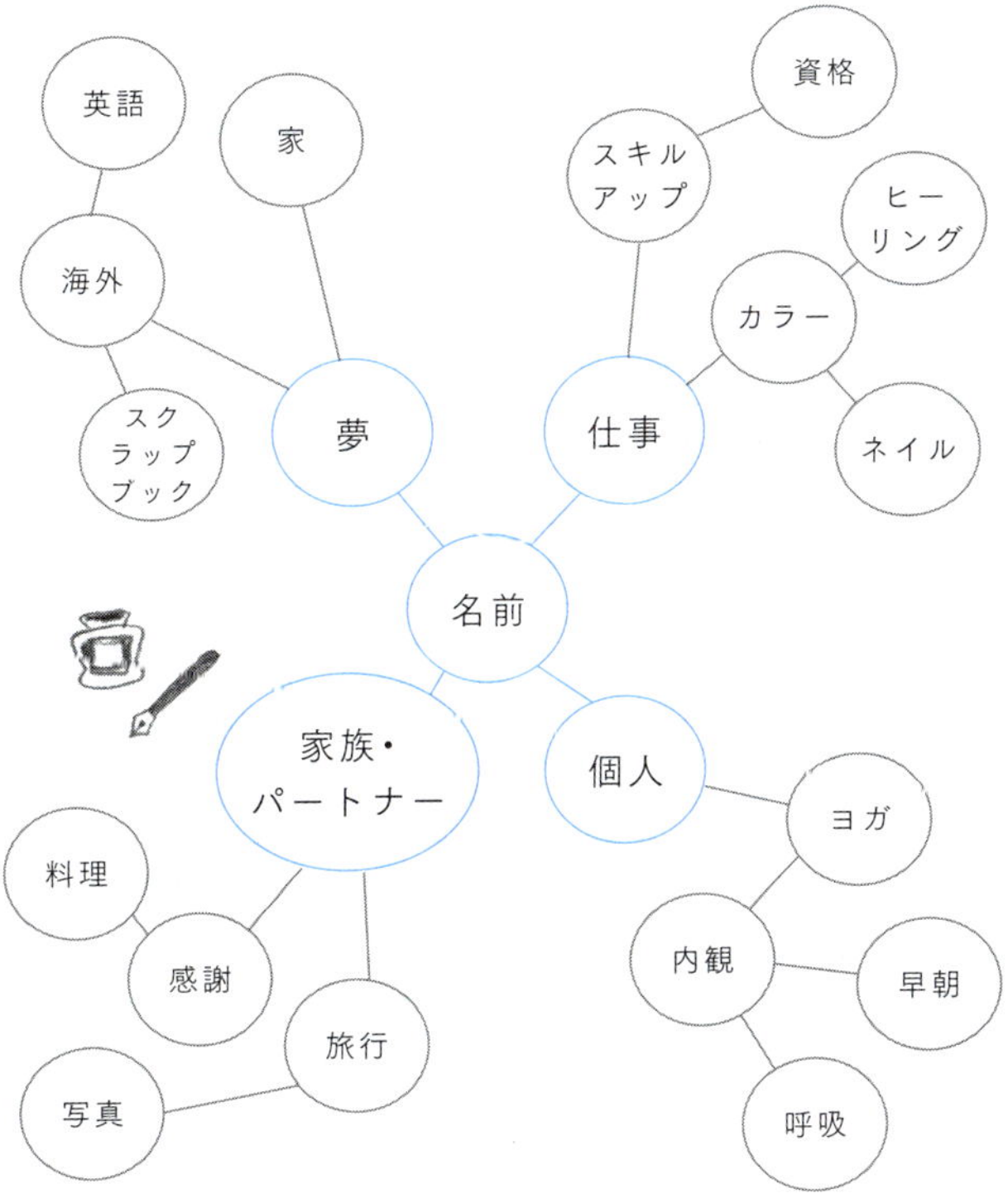

Point

4つの領域で
バランスよく理想の未来を思い描こう

私とは逆に、家庭の願いはいくらでも浮かぶのに、自分自身のことになると全く浮かばないという生徒さんもいらっしゃいました。

どちらも視野が狭くなっている状態なので、「人生これだけ！」という偏った意識ではなく、広い視野でながめてみると、**すべてがうまくいってこそ、「幸せ」と言えるのだ**ということに気づくことができます。

一度、手帳の余白ページか小さめノートに願いを書いた後も、新しい願いが思い浮かぶたびにどんどん書き足していきましょう。

Point

自分もパートナーも
仕事も夢も、欲張って
願いをどんどん書こう！

Section 05

小さな成功体験が「自己肯定感」を上げる！

先ほどは、目標を立てられない人についての対処法についてお伝えしましたが、逆に、大きすぎる目標を立てては、すぐに挫折してしまう人もいます。

自分でも叶えられるとは思っていないような大きな目標を立てて、全く現実には行動していないという場合は、奥底に「恐れ」の感情がある可能性があります。

【壮大な目標】
←
できなくてもしかたない

自信をなくさなくてすむ

↓

【少し頑張れば手の届く目標】

実現できないと自分の価値がないように感じられる

↓

自信をなくす

このように、現実的な目標を立てると、達成できるかどうかによって、**自分の価値に対する揺らぎが生じる可能性があるのです。**

誰でも、「自分には価値がある」「やればできる人間だ」と、信じたいものです。

でも、同時に、自分の価値に対して自信がないので、それを現実に突きつけられる機会に対して「怖い」と感じてしまうのです。

☆ほんの小さな成功体験でも自信になる！

究極的には、「○○ができるから価値がある」「○○が達成できなければ価値がない」といったものではなく、**「今、ここに存在していること自体、すでに価値がある」**と思えるようになることが理想ですし、それが「価値の真実」なのだと思います。

ただ、そうは言っても、自分の価値に自信がないから一歩踏み出せなかったり、本心では叶えようと思っていない目標を立ててしまったりするもの。

ある程度の「自信」をつけることは、望む未来を現実にするためには必要な場合もあります。

「自信」をつけるために有効なのは「経験」です。

あなたにも「これだけは自信がある」ということが、ありませんか？

・料理には自信がある
・利き酒には自信がある
・タイピングのスピードには自信がある
・カラオケには自信がある
・映画の知識には自信がある
・順応性には自信がある

などなど……。

大した例でなくて申し訳ないのですが、私は、寝ることに関して自信があります。枕が変わっても、満員電車の中でも、周りがうるさくても、すぐに眠れます。

どうして自信があるかというと、「どこでも寝られる」ということに対して、何度も**「成功体験」**を積んでいるからです。

これと同じで、料理に自信のある人は、周りから「おいしい」と言われた成功体験を積んでいるでしょうし、タイピングに自信のある人は、「速く正確に打てる」という成功体験を積んでいるはずです。

成功体験を積んでいけば、「自信」につながります。

「目標が達成される」という成功体験を積むことによって、「自分は目標を立てれば、それが現実になるんだ」と、脳にインプットすることができます。

脳がそう思い込んでくれれば、現実でも、脳が思い込んだ通りのことが起こるようになるのです。

月目標を書いて自信をつける

成功体験を積むためのツールとして、手帳はとても有効です。

やり方としては、次ページのように、月ページの上か、余白部分に、「その月の目標」を書きます。

そして、その先に「→」を書いて、達成できた場合のご褒美を書きます。

月目標の記入例

土 Sat	日 Sun
1	2
8	9
15	16
22	23
29	30

今月の目標

洋服の整理
いらない服を
処分

↓

達成のご褒美

欲しかった
ワンピース購入!

Point

月の目標とご褒美は
関連付けて記入する

月目標と連動させたご褒美を考えたり、五感を喜ばせるご褒美を用意することで、より強く、成功体験として脳にインプットすることができます。

ご褒美の選び方と重要性については、5章で詳しくお伝えします。

月目標は、本章2項でお伝えした、長期的な目標にたどり着くための階段の役割をします。10年、5年というスパンと、1カ月のスパンとでは、目標を書くときに注意するポイントが異なります。

次項から、目標を立てるときのポイントについてお伝えしていきます。

Point

ちょっと頑張れば
実現できる目標で
「自信」をつけよう！

Section

06

月目標の立て方のはずせないポイント

長期的な目標、願いは、制限なく、ココロに浮かぶままの「理想」を書きましょう。対して、短期的な目標は、なるべく具体的に書くのがコツです。

①カンタンに達成できる
②達成したときのメリットが明確
③他者が介入しない

月単位では、この3つのポイントをクリアしている目標を立てます。

月の目標のポイント

カンタン！

・すぐに実行できる
・どう考えても1カ月以内に可能
・余力を残せる内容

メリット

・実行できたあと、幸せな気持ちになる
・目に見える、感じられる
・わかりやすいプラスがある

自分軸！

・人の反応は関係ない
・焦点は自分ができること
・評価や常識にとらわれない

①カンタンに達成できる

月目標を立てる大きな理由は、「成功体験を積んで自信をつけること」です。ここで、あまりにも難しいテーマを選び、達成できない月が続くと、自信をなくすだけで、全く意味がありません。

「1カ月あれば、このくらいはほんのちょっとの努力で達成できる」という、カンタンなものを選んでください。「この目標はいくらなんでも楽すぎるかも」と思うくらいの内容でちょうどいいのです。

②達成したときのメリットが明確

人は「快」以外の感情で物事を続けるのは難しい生き物です。「快」の感情を持ち続けるためには、「達成した暁に得られるもの」をしっかり認識することが大切です。

今が「快」でなくても、未来に「快」を思い描ければ、「続ける」ことは可能です。

子ども時代、テレビを見たり、ゲームをやりたいけど、ご褒美があると勉強やお手伝いへのやる気がアップした方も多いのでは？

大人の場合は「モノ」という単純なものだけではないと思いますが、「面倒くさいけど、これをやったらこうなる」という動機付けは、子どもでも大人でも、同じく有効なのです。

③他者が介入しない

他者が介入する目標だと、相手次第で達成できたり、できなかったりするので、成功体験を積むための目標としては適していません。

たとえば、会社の上司とうまくいかないと感じているとき、月目標に「上司との関係が円滑になる」と書いたとします。でも、現実を考えると、どんなに仕事を頑張っても、上司によっては、思ったような評価が得られないこともあるでしょう。

また、大好きな彼がいて、月目標に「〇〇さんと恋人になる」と書いたとしても、相手の気持ちが同じでなければ、恋人になることは難しいでしょう。

相手の気持ちを無視して突き進むのは、関係の悪化を招く怖れがあります。「これだけしているのに、どうしてわかってくれないの?」と思ったら、一度冷静になりましょう。きっと、相手はそれを望んでいません。

では、他者に関する願いや目標は立ててはいけないのかというと、そうではありません。自分の意志と行動だけでできて、相手のリアクションは無関係な形に変えて、目標を立てればよいのです。

前記の2つの例でいうと、

「上司との関係が円滑になる」↓「毎朝ハキハキした口調で、笑顔で明るくあいさつする」

「〇〇さんと恋人になる」↓「一度食事に誘ってみる」

こんな風に置き換えられます。

たとえこちらが笑顔であいさつして、上司からは返ってこなかったとしても、食事に誘った結果、相手がそれに応えてくれなくても、結果は関係ありません。

笑顔であいさつできた自分、誘えた自分を褒めて、月目標を立てたときに決めておいたご褒美を堂々と自分にあげてください。

毎月の積み重ねで「目標」＝「実現」という思考パターンがインプットされていきます。

また、月目標の二次的効果として、他者軸に傾いていた方は、自分軸に戻す練習にもなります。

人の反応が気になって行動できなかったり、落ち込んだりする人は多いものです。相手の反応は関係なく、「自分で決めたことを、自分で実行する」という行動を通して、人に振り回されるような生き方から、自分が主となる生き方にシフトするきっかけとなるでしょう。

Point

メリットが明確でカンタンな「自分軸」の目標を立てよう！

Section 07

「抽象的ＴｏＤｏリスト」から「具体的ＴｏＤｏリスト」に！

月目標が立てられたら、今度はそれをやる日にちと時間まで落とし込みます。

そこで登場するのがＴｏＤｏリスト。これは手帳にある場合とない場合がありますが、２章５項で紹介した小さめノートに書くのがオススメです。

まず、小さめノートに書いた後に、それを実行する日にちを決め、週ページに書き込んでいきます。

ＴｏＤｏリストには、「抽象的なＴｏＤｏリスト」と「具体的なＴｏＤｏリスト」があります。

抽象的であればあるほど達成度は低くなり、具体的であればあるほど達成度は高くなります。

年初めの目標で「健康的な1年を過ごす！」と書いた翌日には、寝坊したあげく、おもちの食べすぎで苦しくなる。こんなことを何年続けたことか……。

1年の目標に抽象的なことを書いて、達成できなかったのは私だけではないと思います。

いつ、何を、どうするか、具体的に書く

そうならないためには、「いつ、何を、どうする」まで、目標を具体的に落とし込む必要があります。

私の生徒さんで、「沖縄旅行に行く」ことを目標にした方がいます。毎年、思ってはいるものの、結局行くことができなかったということでした。

そこで、「沖縄旅行に行く」だけではまだ抽象的なので、「いつ、何を、どうする」に当てはめて書いてもらいました。その結果、

2種類のTo Doリスト

抽象的なTo Doリスト		具体的なTo Doリスト
勉強	→	毎日寝る前の15分英文を読む
集客	→	ダイレクトメールを今月中に20通送る
整理	→	引き出しを1つ整理する
旅行	→	会社帰りに旅行のパンフレットをもらってくる

Point
抽象的な表現は
なるべく具体的な行動レベルまで落とし込む！

・いつ……○日の仕事帰りに
・何を……沖縄旅行のパンフレットを
・どうする……もらって帰り、旅の日程とプランを決める

という具体的なＴｏ Ｄｏリストができました。
そこまでできたら、あとは、週ページの、その日時に、やることを書くだけです。

他にも、「体を動かす」を目標にした人も、

・いつ……週に5回風呂上がりに
・何を……体を
・どうする……ほぐすストレッチを10分間する

と、具体的目標に変えました。
その方の場合は、ちゃんとストレッチをやったときには、週ページの日付に○をつ

けていました。これは達成度を味わえるので、よい方法だと思います。

目標は、たとえ毎日できそうであっても、「週5」と書くのがコツです。時には疲れてできなかったり、忘れて眠ってしまうこともあるでしょう。「毎日」と書いてしまうと、1回でもできなかったら達成できなかったことになり、成功体験を積み重ねられなくなってしまいます。

ですから、**楽にできる日数や時間を書き込む**ことがポイントなのです。

Point

「いつ、何を、どうする」の具体的なTo Doリストで実行力アップ!

Section

08

チェックボックスで「書いて安心」から「実行してスッキリ」に！

日時にまで具体的目標を落とし込んだら、そこにチェックボックスをつくりましょう。前項では、生徒さんが目標を達成したときには日付に◯をつけていましたが、本書ではチェックボックスをオススメします。

チェックボックスの使い方は、

・1日の終わりに、その日実行できたことはチェックをつける
・できなかったことは横線を引いて、明日以降のできそうな日に書き写す

この2つだけです。

チェックボックスを活用しよう

1日の終わりに実行できたことはチェックボックスにチェックを入れる

移動時間や準備時間も含めた「実際にかかる時間」で書く

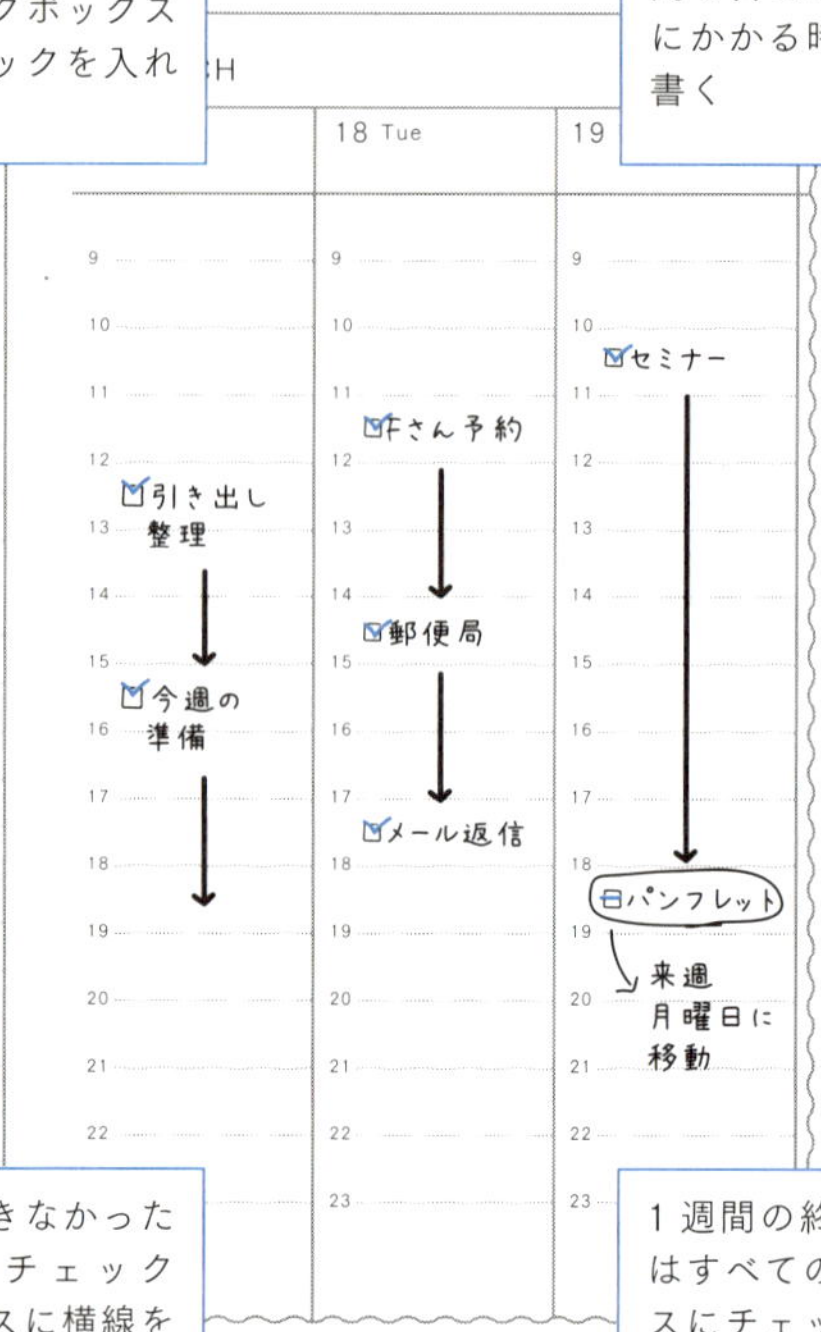

実行できなかったことはチェックボックスに横線を引き、来週以降の実行できそうな日に書き写す

1週間の終わりにはすべてのボックスにチェックか横線が引かれている状態に

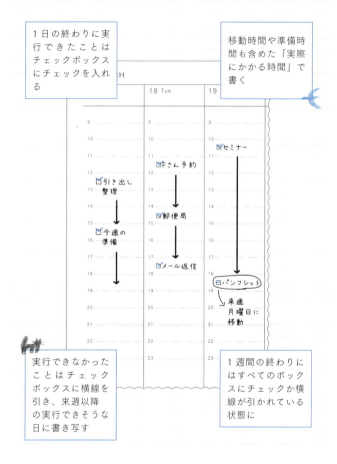

チェックボックスをつけることによって、「書いて安心して終わり」ということがなくなり、**「実行すること」という意識でその事柄を認識できるようになります。**

3度目の正直!? キャンセル3回は見直しどき

もし、できなくて横線を引き、別の日に書き写すという行為を3回やったとしたら、一度立ち止まってください。

それは、本当に自分のやりたいことでしょうか？　もしかしたら、今やらなくてもいいことなのかもしれません。

3回は「内観」のサインです。

内観とは、自分自身のココロの動きを内的に観察することをいいます。

3回できなかったということは、**目標に立てながらも、本当は望んでいないことな**のかもしれません。

私自身、人から聞いて興味を持った分野を勉強しようと思って、手帳に書き込んだものの、やろうと思った日に予定が入ったり、気分がのらなかったりと、チェックボックスに横線を引いては、他の日に書き直す行為を繰り返したことがありました。

3回目に横線を引いたときに、「これは今、本当にやりたいことではないのかも」気づき、予定からはずしたことがあります。


実行できずに横線を3回引いた予定は、「今、本当にやりたいことか」を自分のココロに問いかけてみてください。

もし、あまりやりたくないことだと気づいたら、思い切って一度リセットしてみましょう。すっきり、ココロが軽くなると思います。


ちなみに、3回続けて同じメッセージがくる場合も意味があります。

たとえば、やろうかどうしようか迷っていることがあるときに、

・たまたまつけたラジオの占いで「行動すると福が来る」と言っていた
・久しぶりにランチした友人が、新しいことをはじめてイキイキしていた

・本を開いたら、「チャレンジ」「前進」「行動」というワードがやたらと目についた

こんなことがあったとしたら、それは「迷っていないでやってみたら?」というメッセージかもしれません。

今までだって、ラジオの占いも、友人の話も、行動のワードも、日常には溢れていたはずです。でも、不思議なことに、自分に受け取る準備ができていないときには、全く入ってきません。

意識がそちらに向いて、アンテナが立った途端に、今まで気づかなかったメッセージに気づくようになり、その結果、**必要な情報が次々とやってくるようになるのです。**

Point

3回続いたら、一度立ち止まって自分のココロを見つめてみよう

Chapter

5

自分を褒めて
幸運の波にのる！

程よく甘やかしてくれる
「ファン」

Section

01

「自己受容」は幸せ脳を育ててくれる！

前章までを読んでいただき、自分のココロの中の投影が、現実として現われているということを理解してくださったのではないかと思います。

自分自身のことをどう思っているかも、現実に現われます。

たとえば、「私はダメだ。価値がない」と思っていると、自分のことを下に見て、ダメ出しをするような人たちが周りに集まってきます。

「私は大切にされる価値がある。自分自身を大切にする」と自分を認め、受け入れている人のもとには、大切にしてくれる人がやってきます。

こんなにわかりやすい法則であれば、絶対自分のことを大切にしたほうがいいように思いますが、現実には、厳しい道を好んで選ぶ人たちがたくさんいます。

なぜでしょうか？

たとえば、完璧主義で自分を認めることができなかったり、「受容」を欲している幼少期に、「まるごと受け入れられている」という実感を得られなかったりして、自分自身を受容する方法がわからない、という理由が考えられます。

でも、人は、どんな過去があったとしても、いつでも思い込みを手放し、生まれ変わることができます。

この本を手に取ってくださったあなたは、すでに「さらに幸せな人生」を選択する準備ができています。

今こそ、「自分自身に厳しく、ダメ出しばかりしている私」から、「**自分自身を受け入れ、認め、大切にしている私**」に変わるチャンスです！

自分を大切にすると、
自分を大切にしてくれる人が集まる

自分を好きになるほど、好きになってくれる人が集まる

自分の存在を認められると、自分を大切にしてくれる人が周りに集まってきます。

自分の存在を認めるクセを身につけることは、とても大切です。

そのときに力を貸してくれるのが、次の手帳の住人。あなたのことが大好きな**「ファン」**のような役割をしてくれます。

「ファン」は、とても褒め上手な存在です。どんな形で力を貸してくれるかは、次項からお伝えしますね。

Point

自分を受け入れると決めよう！

Section

02

潜在意識は常に「快」を求めている！

自分を受容することで、大切にしてくれる人がやってくる。そう前項でお伝えしましたが、それ以外にも、認められ、褒められ、受け入れられることが大切な理由は他にもあります。

褒められたり、認められたり、うれしいことがあると、脳は「快」の状態になります。「快」の状態は、長期的なモチベーション、やる気につながります。「不快」がモチベーションにつながることもありますが、それはあくまで短期的な場合のみです。

たとえば、「月末までに営業成績で結果を出さないと減給される」という「不快な感情」がもとでやる気を出すといったケースです。

短期的な場合はいいのですが、「不快」な状態が長期にわたると、ストレスから体調を崩したり、あるとき糸がプツンと切れるように、すべてに対して無気力になる危険性をはらんでいます。

長期的なモチベーションは「快」の感情から生まれます。

ただ、単純に「快」を与え続ければよいのかというと、そうとも言えず、少しのストレスは行動や健康に有効に働くというデータもあるのです。

何もしなくてもご褒美を受け取る場合と、何かをできたときにご褒美を受け取る場合とでは、後者のほうが満足度が高いという結果が出ています。

ということは、**「〇〇をやる」という少しのストレスを与え、それを成し遂げたらご褒美を受け取る**という形が一番満足度が高く、やる気につながるということです。

実際、仕事やプライベートで、そのときは面倒だと思うことであっても、締切があることで頑張ることができ、やり遂げた達成感を味わった経験は、誰にでもあるのではないでしょうか。

手帳を使って、「快」の思考パターンをつくる

この章の手帳の住人、褒め上手な「ファン」は、頑張ったあなたの達成感を強め、「自分は大切にされる存在である」ということを教えてくれます。

4章で「毎月、カンタンに実行できる目標を設定する」という月目標を立てることをおススメしましたが、これを実行できたら、必ず**「ご褒美」**を自分にあげましょう。

あなたのことが大好きな「ファン」が、あなたのステージを見て賞賛し、花束をプレゼントしてくれる。そんなイメージで、自分自身が喜ぶご褒美を手帳に書きましょう。そうすることで、受け入れ、認められたいという承認欲求が満たされ、自信につながり、「快」の思考パターンの定着につながります。

ご褒美は、なんとなくではなく、しっかり手帳に記入して、「確実に受け取る」と

「快」の思考パターン

カンタンな目標設定

↓

ラクラクと達成

↓

ご褒美

↓

目標を達成することは心地いい

（繰り返し）

やる気と
実現力アップ！

↓

「快」の回路が
できる！

月の目標とご褒美は
セットで記入しよう

月の目標例

・水回りをピカピカに
・溜まった事務仕事を終わらせる
・ストレッチを週3回やる

達成後のご褒美例

・日帰り温泉でゆっくり
・1日読書しながらゴロゴロ過ごす
・アロママッサージで癒しタイム

決めます。

毎月、何かを成し遂げて、そのたびにご褒美を受け取ることで、継続的・長期的なやる気と満足感につながります。

特に、男性は長期間ご褒美がなくても、遠い未来の「快」を目指して頑張ることが得意な脳ですが、女性は、長期間のガマンは苦手な傾向があり、短期間でちょこちょことご褒美を受け取ることで頑張れる脳です。

毎月の目標達成後のご褒美で「快」の満足感をインプットすることで、「やり遂げた」という経験と記憶を強め、**「やり遂げるといいことがある」という思考パターン**をつくりましょう。

Point

自分へのご褒美で、
モチベーションUP！

Section

03

五感を刺激するご褒美を！

では、実際にどんなご褒美を設定するといいかというと、**「五感を刺激する、うれしいもの」**を用意しましょう。**達成する目標にリンクしたご褒美にするのもオススメです。**

ちなみに、私が今まで設定したご褒美には、以下のようなものがあります。

- コージーコーナーのショートケーキ（味覚）
- 欲しかったお財布（視覚）
- 1日何もせずにずっと読書（視覚）

五感の喜ぶご褒美を！

視覚
- アクセサリーや小物
- 洋服
- 映画

聴覚
- 海で波の音を聴く
- 友人とのおしゃべり
- 好きなアーティストのCD

味覚
- おいしいケーキ
- 楽しいお酒
- いつもより贅沢なランチ

嗅覚
- いい香りの石鹸
- 香り豊かなコーヒー
- 好きなお香やアロマ

触覚
- フワフワのぬいぐるみ
- マッサージ
- 肌触りのいいタオル

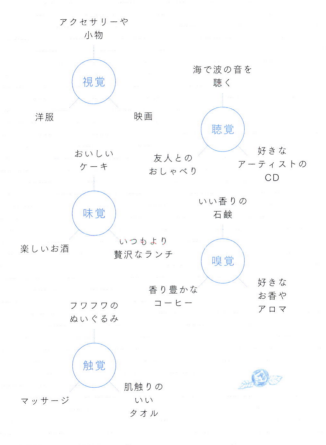

・気に入った洋服を購入（触覚・視覚）
・1泊2日ののんびり温泉旅行（触覚）
・アロママッサージに行く（触覚・嗅覚）
・好きなミュージシャンのライブに行く（聴覚）
・自分のためにお花を買う（視覚・嗅覚）

こう書くと、たまに「日頃、ずいぶん節制しているんですね」と言われることがありますが、実際は、普段もケーキを食べたり、目についた洋服を買うこともあります。でも、**なんとなく買ったり食べたりするのではなく、「ご褒美」として設定して受け取るときは、「うれしい気持ち」が数倍にふくらむ**のです。

「私は○○ができたから、こんなにおいしいケーキが食べられる。幸せ！　味わって食べよう」と、じっくり成功を噛みしめながら、自分のためだけのプチ贅沢な時間を過ごしています。

ご褒美を月ページに書いておくと、朝晩の予定確認のときに、毎日目にすることになります。

脳には、「繰り返し受ける刺激や、五感への刺激は潜在意識にインプットされやすい」という特徴があります。そして、「潜在意識に入ったものは、現実化される」という特徴も。

毎日「ファン」から届くファンレターを読んで、どんどん自信をつけてきれいになっていく女優さんのように、手帳に書いた五感を刺激する「ご褒美」を見ることで、「大切にされる私」というセルフイメージが定着します。そして、大切にされる状況を現実にしていくことができるのです。

Point

五感を刺激するご褒美で「大切にされる私」を引き寄せる！

Section 04

過去の自分がつくった制限を飛び越える！

私たちは、知らないうちに、自分でさまざまな「制限」をつくっています。人だけでなく、あらゆる生き物は学びます。学ぶことは発展・成長のために必要ですが、時として、**その学びが「制限」をつくってしまう**のです。

ゾウは、小さいときからくさりで杭につながれていると、大人になって、カンタンに杭を引き抜いてしまう力がついていても、くさりの長さ以上には行こうとしないそうです。また、ノミをガラスケースに閉じ込めると、はじめはピョンピョンはねて、上のガラスにぶつかっては落ちますが、しばらくすると、上のガラスにぶつからない程度に飛ぶことを覚えます。

今まで自分でつくっていた限界を超える！

その後、ガラスのフタをはずして、高くジャンプすればいつでも外に逃げ出せるようにしても、以前ガラスのフタがあった高さ以上には飛ぼうとしないそうです。

越えられなかったのは「過去の自分」

この2例と同じように、私たちも、過去の経験から「私にはこのくらいがちょうどいい」「これ以上はムリだ」「この先に行ったら痛い目にあう」と、今はそれを超える力と知恵を手に入れていたとしても、自分の思い込みで制限を設けてチャレンジせずにあきらめてしまうことが多くあります。

超えられなかったのは「過去の自分」で、「今の自分」は、限界だと思っていた壁を越える力や、痛い思いをしなくても手に入れられる知恵を十分持っているかもしれないのにもかかわらず、です。

過去の限界を超えるには、自分を信じることが大切です。そして、自分を信じるためには、その裏付けが欲しいのが人のココロ。

手帳を使って、毎月「目標設定」と「達成後のご褒美」をくり返すことで、「やればできる自分」「有言実行の自分」という肯定的なセルフイメージをつくりましょう。それは、自分でつくった制限を飛び越える原動力となるはずです。

Point

達成後のご褒美で
過去の制限の枠を
はずそう！

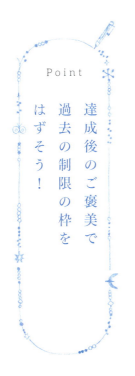

Section

05

自分のキゲンを取るスイッチ法で運のいい人に！

いつも「快」の状態でいるだけでも、幸せなできごとは増えていきます。

そして、「快」の状態は自分だけでなく、周りの人にまで影響を与えます。一緒にいるとタイミングよく物事が運ぶ、いわゆる「運のよくなる人」は、どこにでも存在するものです。

誰でも、一緒にいると運がよくなる人と付き合いたいものではないでしょうか。自分も、「運を上げる人」になりたいですよね。

では、どういう人が「運を上げる人」なのかというと、まさに、本章でずっと繰り返しお伝えしている、「快」の状態でいる人なのです。

キゲンのよい「快」でいる時間が長ければ長いほど、運がよくなります。

逆に、フキゲンでいることの害は大きく、自分の運を下げるばかりか、周りにいる人にも負のエネルギーをまき散らしています。

全くフキゲンにならないことは、相当人間ができていないと難しいかもしれませんが、フキゲンになってしまったときに、なるべく早くキゲンのよい「快」の状態に戻すことは、意識すれば誰でもできるようになります。

ゴキゲンスイッチでいつも「快」の状態に！

そのために有効な方法は、**「ゴキゲンスイッチを押すこと」**です。

うまくいったときのポーズを決めて、行動する前にそのポーズを取ることで、成功イメージを強くすることを**「アンカリング」**といいます。

「げんかつぎ」という言葉があるように、運のいいことと行動を結びつけることで、いい気持ちで物事に取り組む知恵を、昔の人は知っていました。

私は、いやなことがあると、無性に部屋の整理がしたくなります。部屋がキレイになる頃には気持ちもスッキリして、何でいやな気持ちになっていたか、忘れてしまうこともありました。

今思えば、この「部屋の整理」が、私のゴキゲンスイッチだったのだと思います。

ゴキゲンスイッチは、掃除やお風呂に入るなどでもいいのですが、もっと手軽で、どこでも押せるスイッチがあると便利ですね。

その点、いつも持ち歩いている手帳こそ、「いつでも、どこでも、すぐに実行」できるゴキゲンスイッチとして、最適な特性を持っているというわけです。

あなたのことが大好きな「ファン」になりきって、手帳の余白ページか小さめノートに、自分の「好き」「まあまあ、いいかも」と思えることを書き出しましょう。

「自分のいいところ」を見つけられる人は、「人のいいところ」も見つけられる人。

どんなに小さなことでも、うぬぼれでもいいのです。見開き2ページ分を埋めるつもりで、書いてみてください。

・人から言われてうれしかった言葉や、感動した言葉など、「自分だけの名言スイッチページ」
・かわいいペット、趣味のもの、憧れの景色など、好きなものの写真を貼った「大好きスイッチページ」

など、アイデア次第で無限の可能性があります。

ページを開くと、思わず笑顔になってしまうような、オンリーワンのスイッチページで、キゲンのいい「快」の状態に切り替えましょう。

☆フキゲンのもとを見つけて解放する

スイッチを押して「キゲンのいい状態」に切り替え、冷静になったら、もう1つやっていただきたいことがあります。それは、**どうしてフキゲンになったかの理由と、本当はどうしてほしかったのかをココロに問いかけてみる**ことです。

・上司の一言がきつくて、自分は認められていないと思った↓認めてほしかった
・店員さんが乱暴な接客態度だった↓丁寧に扱われたかった
・帰宅時間を過ぎても家族の連絡がなかった↓心配な気持ちをわかってほしかった

フキゲンになったのには、理由があります。

そこには大抵、「望んで得られなかった欲求=本当はこうしてほしかった」が潜んでいるはず。その欲求に気づくことで冷静になれます。


Aさんは、生意気な後輩の言動に腹を立てやすい。

Bさんは、後輩の言動に対しては寛大だけど、上司の上から目線にはムッとする。

「腹立ちのツボ」は、人それぞれに違います。

心理学では、**他者への苛立ちは、抑圧された自己の投影**だといわれています。

本当は自分も出したいけれど、出してはいけないと思っていることを、目の前で平然と出す相手に対して、腹を立てるのです。

たとえば、姉妹の場合、親に思い切り甘えている妹を見て、イライラする姉の中に

は、「私も甘えたいけど、お母さんが忙しいと思って我慢しているのに、なんで妹は構わず甘えるの！」と、本当は自分にも甘えたい気持ちがありながら、「いけないこと」として抑圧しているために、目の前で見せられた光景に腹が立つのです。

「なんとなく不機嫌」ですませてしまうと、「なんとなくずーっとフキゲン」でいるクセがついてしまいます。

フキゲンのもとを見つけて、自分がどういうときに、人のどんな行動に反応して不機嫌になるのかを見つけましょう。ココロの奥に眠っている気持ちに気づき、認めることで、過去を手放し、本来の自分に戻ることができます。

Point

自分がいつも
「キゲンのいい状態」で
いられるクセをつけよう！

Chapter

6

自分の未来は自分で決める！

引き寄せてくれる「預言者」

Section 01

「預言」で幸せな未来を引き寄せる！

今まで、「秘書」「プロデューサー」「ガイド」「ファン」と、手帳の住人の特徴とともに、手帳が持っている、さまざまな役割についてお伝えしてきました。

手帳の最後の住人は**「預言者」**です。今まで思い描いた夢や目標にしたことの「現実化」を力強くサポートしてくれます。

潜在意識は、「預言したことは現実に引き起こす」という性質を持っています。

この章では、現実に引き寄せたいことを、潜在意識活用のポイントを押さえて手帳に書くことで、より現実化させやすくする方法をお伝えします。

手帳に記入して「現実化」をスムーズにするためには、潜在意識の特徴について知っておく必要があります。

潜在意識の特徴は3つあります。

①素直

潜在意識はとても素直なので、相手の言ったままを信じ、力になろうとします。疑うことを知らないので、相手から出た言葉をそのまま実現しようとします。

たとえば、「私はいつも失敗する」と言っている人の場合、潜在意識は「この人はいつも失敗したいんだな」と解釈して、失敗しやすい状況を引き寄せてしまいます。

②否定語が理解できない

否定語がわからないので、強く「○○がいやだ」と思うと、「いやだ」を抜いてしまい、「○○を望んでいる」と解釈して、さらに引き寄せてしまいます。

たとえば、「貧乏はいやだ」と思えば思うほど、さらに貧乏になっていくなどです。

潜在意識を活用するポイント

ココロが喜ぶ願いを

・素直に
・肯定する言葉で
・自分を主語にして

伝える(書く)

↓

潜在意識が願いに見合った現実を
引き寄せてくれる!

Point 否定語や不安が浮かんだら、
なりたい状態を思い描いて変換しよう!

貧乏はいやだ	→	お金がたくさんある豊かな状態
人間関係に苦労したくない	→	周りの人と円滑な人間関係を築けている状態
仕事で失敗したくない	→	仕事に意欲的に取り組み結果がでている状態

③人と自分の区別がつかない

「みんなで一つ」という意識が強く、自分と人の区別がありません。

「あの人素敵！」と言えば、言った本人が「素敵」なのだと思うし、「あの人いじわる」と言えば、やはり、言った本人が「いじわる」なのだと思い、それに見合う現実を引き寄せはじめるのです。

願望や目標は手帳に預言しよう！

そんな特徴を持つ潜在意識を使って現実化させるには、**「嘘は言わない」と決めること。**

「嘘なんか言わないよ」と思うかもしれませんが、私たちは日常的に嘘をつく生き物です。たいして欲しくもないのに欲しいと言ってみたり、欲しいのに欲しくないフリをしてみたり。

いつも「お金がない」「別に欲しくない」と言っていると、潜在意識は「お金がない状態」「決してお金がやってこない状態」を頑張ってつくってくれてしまうのです。

ココロの中で「お金持ちになりたい」と思っているのであれば、嘘はつかず、「お金が好き」「私のところにお金がたくさんやってくる」と、本当に叶えたいことを手帳に伝えましょう。

具体的には、手帳の余白ページや小さめノートに、現実化したい、幸せな預言をどんどん書くページをつくります。

ただし、預言を書くときにはコツがあります。次項から、願いが叶いやすい書き方のポイントについてお伝えしますね！

Point

本心から出た
幸せな預言を
手帳に書こう！

Section

02

ワクワク「現実化ページ」の書き方

潜在意識には、「いい・悪い」の概念がありません。

いい未来も悪い未来も、強くイメージしたことが現実になります。

ゴルフをやっている方からよくお聞きするのが、グリーンの手前に池があるとき、「池に入るな〜！」と強く念じると、見事に池に入ってしまうのだそうです。

逆に、池は気にせず、池の向こうのグリーンだけに注目していつものスイングをすると、カンタンにグリーンにのるそうです。

意識したことが現実になる、わかりやすい例だと思います。

「池に入るな」と念じたとき、頭の中には「池に入るゴルフボール」がイメージされています。

「グリーンにのる」ことに集中したとき、頭の中には、「グリーンの上にあるボール」をイメージできています。

どちらも、「いい・悪い」ではなく、強くイメージしたことが現実になっています。

「こうなってほしくない」と思っていることでも、実際にイメージしているのは、「そうなっている姿」なのです。

心配すればするほど預言は現実になる

ここで、ちょっとブレイクタイムです。

私から、みなさんにお願いがあります。

「絶対に、梅干しのことをイメージしないでくださいね！」

言ったのに……。

……いかがですか？

すでに梅干しをイメージして唾液が出ていませんか？　イメージしてはダメって言ったのに……。

前項でお伝えした通り、潜在意識は「否定語」は理解できないので、「イメージしてはダメ」の「ダメ」を抜いて解釈してしまうのです。

昔、英語の授業で、予習していないときに限って先生に当てられました。

そのときは、「どうして予習してきたときは当てられないのに、こんなときに限って指されるのだろう」と不思議に思っていました。

でも、そのときの私のココロの中では「今日は先生に当てられたくない！」と思いながら、「当てられたらどうしよう」と、起こってほしくない現実をリアルにイメージしていたのです。

不安が的中するのは、その不安に集中し、怖いイメージをしてしまうから。心配すればするほど、「預言は現実になる」という潜在意識の性質により、現実に引き起こされてしまうのです。

「○○ない」と、否定語を使ったとしても、その語尾に関係なく、思い浮かべてしまうのが、潜在意識です。

それがわかれば、「心配」や「不安」ではなく、純粋に「実現してほしいこと」をイメージして伝えればいいだけです！

手帳の「預言者」に力になってもらうためには、**すべての否定文を肯定文に直すクセをつけましょう。**

・上司に叱られたくない↓仕事がバリバリできて上司に認められている自分
・プレゼン失敗したくない↓人を惹きつけ賛同を得られるプレゼンができる
・お金に苦労したくない↓豊かでたくさんのお金に囲まれている生活
・彼に嫌われたくない↓彼を幸せな気持ちにする魅力的な自分

このように、「不安」を「本当の願い」に置き換えてから、手帳に書きます。

書くタイミングはいつでもＯＫですが、預言したい未来は変化していくもの。できれば、月に1回、そのときの自分にしっくりくる願いを書くのがベストです。

私の場合、これから月が満ちていく「新月」のときに書くようにしています。

好ましくない未来は、好ましい形に変えてしまう。そんな主体的な意識を持っていると、ぐんぐん願いを叶えるパワーが増します。

純粋な形で理想の未来を手帳に書いて、幸せな預言を現実にしましょう。

Point

否定語はＮＧ！
理想の現実を思い浮かべてから
手帳に記入しよう

Section

03

現実になりやすい願い方となりにくい願い方がある！

願いには、何年願っていても現実にならないものもあれば、まさか叶うわけがないと思っていたのに、すんなり現実になってしまうものもあります。

この違いは何でしょう？

私は、周りの願いを次々と叶えて幸せになっている方たちを見ていて、願いに対する考え方に、いくつかの共通性があると感じました。

①ワクワク願って手放す

幸せに願いを叶えている方たちは、みんな「軽やかな願い方」をしています。

「こうなったらいいな」「ああなったらうれしい！」と、ワクワクと未来を思い浮かべますが、決して執着はしていません。

ワクワクした願い、楽しい気持ちは、軽くて明るいエネルギーです。対して、「何がなんでも」という執着を帯びた願いは、重くて暗いエネルギーです。

「何がなんでも」という願いの裏には、「叶わなかったらどうしよう」という不安が隠れています。それが不安であっても、強くイメージしたことは現実になってしまいます。

幸運の女神が好きなのは、明るくてキラキラして楽しいこと。執着は実現を遠ざけます。「ワクワク願って手放す」ことが、幸せに願いを叶えている方たちが実行している方法です。

②自分も周りも幸せになる願い

「自分だけが」という我の強い願いは叶いにくく、「自分も周りも一緒に」幸せになる願いは格段に叶いやすくなります。

これは、潜在意識が自分と周りの区別がつかないことに関係しています。

現実になりやすい願い方

1 ワクワク願って手放す

2 自分も周りも幸せになる
お願いをする

3 最高最善な形で実現されることを
イメージする

「自分だけが幸せに」という言葉の中には、「他の人は不幸せでもいい」という意識があります。

潜在意識は自分と他人の区別がつかないので、「不幸せでもいい」という部分まで叶えてしまうのです。人の足を引っ張るような願いは、自分も足を引っ張られる現実をつくり出すというわけです。

「自分も周りも幸せ」の中には、「不幸せ」を連想させる言葉や意識は見当たりません。

その結果、純粋に「幸せ」だけが現実化されるのです。

③最高最善な形で実現される

私はサロンで、毎日さまざまな相談にのっています。その中で脳のシータ波を使って思い込みを手放す手法があるのですが、ヒーリングの最中、「最高最善に」という言葉をよく使います。これは、いいか悪いか、白か黒かといった二元論的考え方ではなく、「今ある中でベストな形で」という意味です。

「マーフィーの法則」の中に、「娘を助けるためには、自分の腕がなくなってもいい」と願った父親の話がありました。その願いは叶い、娘の命が助かった代わりに、父親は腕を切り落とすことになったという例です。

また、お金が欲しいと願ったら、事故に遭い、保険からお金が出たという話もあります。

どちらも、もし、「最高最善な方法で」「幸せな方法で」と付け加えていたら、腕をなくすことも、事故に遭うこともなく、願いが叶っていたかもしれません。

「代替」「交換」の意識が強いと、願いを叶えるときに、引き換えに何かを差し出さないといけないと思ってしまいます。

この思い込みのまま願うと、幸せなことの代わりに悲しいことがあったり、何かを得ると何かを失くすという現実が起こりやすいのです。

潜在意識も宇宙も、「引き換え」を求めていません。無条件で、蛇口をひねったらいつでも出るお水のように、欲しいものを引き寄せる仕組みになっています。

その力を使うためには、余計な方法については言わず（書かず）、「幸せな方法で」または「最高最善な方法で」願いが叶うように書きましょう。

Point

願いは交換条件なく、最高最善の形で叶うように書こう！

Section

04

「先取り日記」で引き寄せ力アップ！

前項のやり方の他に、手帳ならではの、効果的に日々の願いを現実化させる方法があります。

それが、**「先取り日記」**です。

飽きっぽい性格の私が、この先取り日記を続けてこられたのは、その効果の高さを日々実感しているからです。

書き方としては、**週ページの下の余白に、その日の予定に合わせた「そうあってほしい状態・現実」を完了形で書く**。これだけです。

先取り日記で
理想の1日を創造しよう

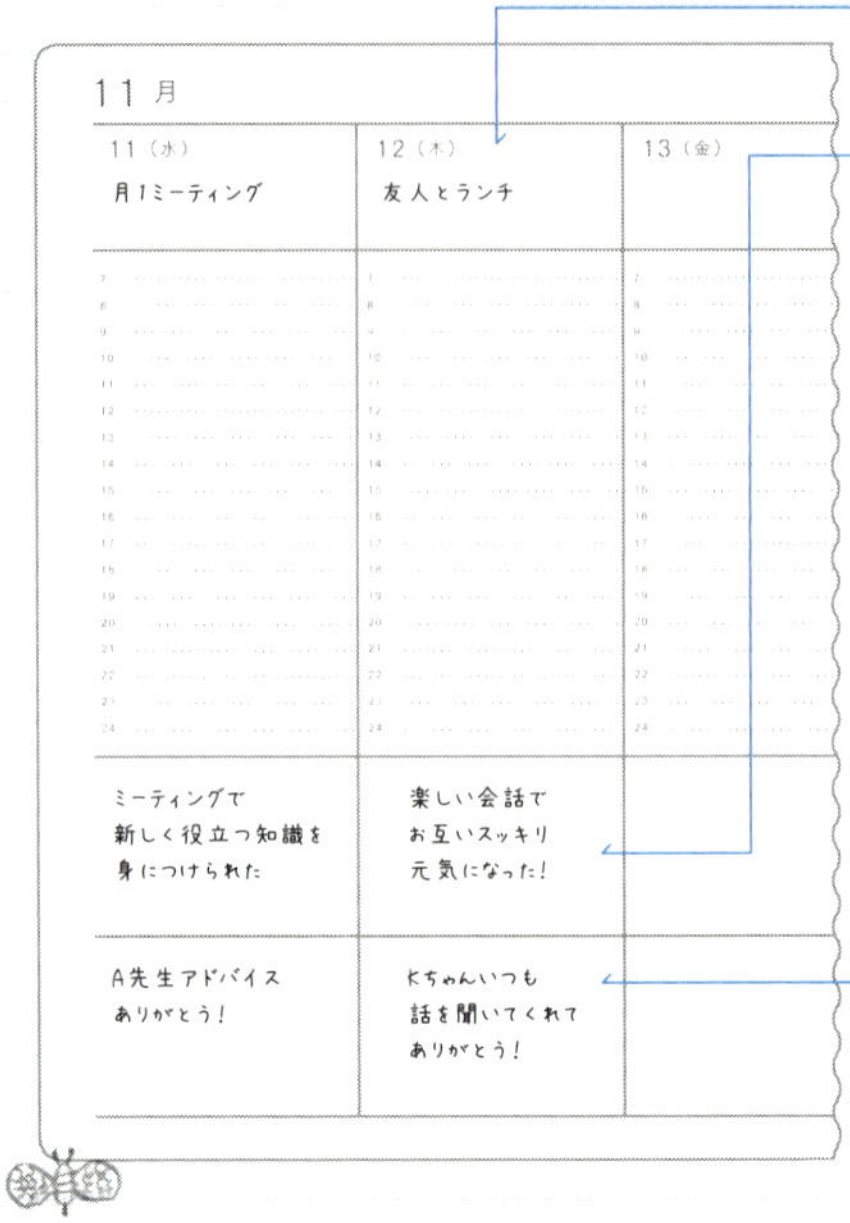

予定

先取り日記

・1週間分まとめて事前に記入。その予定で起こってほしい現実を完了形で書く
・週ページ下の余白に書くのがオススメ。キーワードだけ書いたり、1週間「のんびり～」だけでもOK！

ありがとう

（→6章6項）
その日を振り返りながら、ただ一言「ありがとう」と書くだけでもOK

Point　イメージ（想像）に留まらず、
「望む未来」を創り出す（創造）意識を！

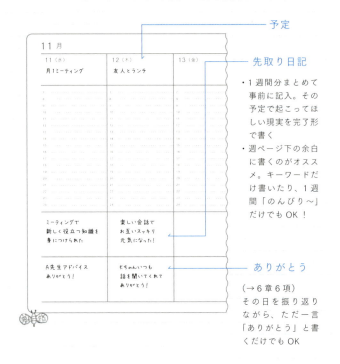

先取り日記を書くことのメリットはたくさんあります。

・日程が決まっているので、より具体的な願いを書ける
・短いスパンなので、願いが叶ったかどうかがすぐにわかる
・繰り返し願いを書くことで、自分が本質的に望んでいることがわかる
・日にちや予定が決まっていることでイメージしやすく、現実化されやすい
・完了形で書くことで、脳が現実として受け止めやすい
・1週間単位で書くことで、振り返りが楽。現実になっている事柄がすぐにわかり、続けるモチベーションにつながる

私は、子どもの右脳開発教室「七田チャイルドアカデミー」に勤めているときにはじめたのですが、そのとき書いた、ある1週間の先取り日記はこんな感じです。

【月曜】
予定：ミーティング

先取り日記：自分にとってプラスになる知識を1つ受け取ることができた

【火曜】

予定：幼児教室レッスン

先取り日記：子どもも親も楽しくて、能力アップにつながるテンポのいいレッスンができた

【水曜】

予定：友人とランチ

先取り日記：楽しい会話で一緒にスッキリ！　元気になる

【木曜】

予定：幼児教室レッスン

先取り日記：○○さんの悩み解消の手助けができる↓笑顔になる

【金曜】
予定：休日
先取り日記：家事がスイスイ片づき、部屋スッキリ！　運気UP

【土曜】
予定：昼、幼児教室レッスン・夜、セミナー参加
先取り日記：ワクワク楽しい魅力的なレッスンができる。セミナーで互いに成長できるようないいご縁ができる

【日曜】
予定：家族で○○公園
先取り日記：自然の中でリラックス。子どもたちの笑顔で幸せな1日

月ページに書いてある、その週の予定を見ながら、「この日はこんな1日になるといいなあ」と思い浮かんだことを、週ページのその日の下の部分に書いていました

（210ページ参照）。

毎週土曜日の夜に書いていたのですが、その際に前の週の先取り日記を読み返してみると、書いた通りになっていることが多く、びっくりすることがありました。

書いてあることも、突拍子がないことではなく、予定に合わせた現実的な願いだからということもあるとは思いますが、唐突に「うれしい知らせが入る！」「プレゼントをもらってハッピーな1日」など、思いつくまま書いてあった日に、本当に思ってもみない、うれしい電話があったり、プレゼントをもらったりしたのです。

「セミナーで互いに成長できるような、いいご縁ができる」と書いた日に参加したセミナーで、同じ名前の女性と出会い、意気投合したという経験もあります。その方とは、いまだに互いに得意分野を教え合うような、ありがたいご縁が続いています。

先取り日記は完了形で書くのがポイント

先取り日記は、預言書のように未来のことについて書きますが、あくまで「日記」

なので、「完了形」で書きます。

「こうなりますように」とお願いするような形で書くと、「今日も明日もずっと願い続ける状態」が現実化されてしまいます。つまり、起きてほしい現実が「いつまで経っても訪れない」ということです。

完了形で断言することで、潜在意識は「すでに起こったこと」「現実のこと」として認識し、思考に現実を合わせてくれるのです。

Point

先取り日記で予定に合わせた「起こってほしい現実」を思い描こう！

Section

05

幸せに気づく感性を高めて「雰囲気美人」に！

先取り日記で望む未来を思い描き、引き寄せたら、今度は、**幸せに気づく力・受け取る力**をアップさせせましょう。

「私には幸せがこない」と思っている方の中には、幸せはちゃんとやってきているのに、それに気づけなかったり、受け取れなかったりして、いつまでも暗い穴の中に入っている方がいます。

その穴の中にいる、似たような考え方と波動を持つ人たちと、不幸せ自慢をしたり、傷を舐め合ったりしていると、いつまで経ってもそこから抜け出ることはできません。

「幸せに生きる」と決めたら、「今まで慣れ親しんだ、薄暗い空間から出る」と、腹をくくります。

長い間留まり、グレー色に染まってしまった部分があったら、きれいに洗うつもりで、グレー部分に近づくのはやめましょう。

人間関係でいうなら、「不平・不満を言う人たちと一緒にいるのはやめる」「成長しようとする人の足を引っ張るような人たちとは線を引く」と決めることです。

五感を磨いて、雰囲気がきれいな人を目指す

そして、生活の一つひとつのシーンで、自分を大切に扱うようにします。

きれいな言葉を使い、心地いい音楽を聴き、整頓された部屋で過ごし、いい香りのする清潔なシーツで眠り、体が喜ぶものを食べる。視覚・聴覚・味覚・嗅覚・触覚、五感すべてを丁寧に満足させていきます。

ある会で知り合った女性に、「なんかきれい」「なんとなく素敵」と、理由なく惹かれました。

帰り際、一緒にお茶をしたのですが、お話を伺っていて「きれい」と感じた理由がわかりました。彼女は使う言葉が美しく、おっとりとしているけど前向きで、上品なのです。

少し年上の方でしたが、私もこんな風になりたいと、憧れの気持ちを抱きました。

元アメリカ大統領のエイブラハム・リンカーンが残した「40歳過ぎたら男は自分の顔に責任がある」という言葉があります。

この言葉では男性だけを指していますが、女性にも当てはまる言葉だと思います。

顔の造作でなく、その人の生き方や考え方は、表情やクセとなって顔に表われます。

自分を大切にして過ごしていると、その積み重ねはエネルギーとなって、内側から輝き出します。

「なんかきれい」と感じる人は、丸顔、面長、きつね顔、たぬき顔など、顔の造作や年齢などに関係なく、**「雰囲気がきれい」**なのです。

きれいな言葉を発して、日々の中で自分や周りを大切にして過ごし、「雰囲気美人」を目指したいものですね。

「雰囲気美人」になるためのヒントは手帳の中にあります。次項でお伝えしますね。

Point

五感を満たし、
自分を大切に扱おう！

Section 06

毎日の「ありがとう」で幸運キャッチ力UP！

雰囲気美人になる一番の近道は、日常で「ありがとう」という言葉を使う機会を増やすことです。

手帳の週ページの1日の最後に、その日にあったことを思い出して、「ありがとう」と書く習慣がオススメです。

もしかしたら、「なーんだ、よく聞くな」と思われたかもしれませんね。

すでに実行していて、雰囲気美人になり、幸せなことを毎日起こっている方は読み飛ばしてください。

「はじめて知った」という方や、「知っているけど、実行できていない」という方は、この項を読み、実践してみてください。

「ありがとう」という言葉の威力は、多くの成功者が語っています。

周りを見ても、人に対してよく「ありがとう」を伝える人は、周りの人から好感を持たれていますし、その素直さから、チャンスが人づてでやってきます。

逆に、感謝されること、認められることに一生懸命になりすぎて、人に対して感謝したり、褒めたりする余裕を持たない人からは、なんとなくトゲトゲした印象を受けることがあります。

私の友人は、あるときから、タクシーを降りる際に必ず、運転手さんに「ありがとうございました」と伝えるようにしたそうです。

すると、それまでは横柄で、感じの悪い運転手さんに当たることもあったのに、「ありがとう」を言うようになって半年経った頃には、その友人いわく、「100%はずれなしで、いい人に当たるようになった」とのことです。

私が右脳開発教室で講師をしているときに、教育学博士であり、しちだ教育研究所会長の故・七田眞先生の講演の中で、波長についてのお話がありました。

「あの人とは波長が合う」という表現がありますが、人に限らず、あらゆるものには波長があり、似た波長は引き寄せ合うという内容でした。

また、波長にもいろいろあり、**感謝と愛の波長が一番高い**ということも、説明してくださいました。

そんな高い波長である「感謝」を毎日発していれば、自然と、自分自身も愛や感謝などの高い波長のものを引き寄せはじめる、というのも納得ですね。

「私の周りはいやな人ばっかり」と感じるときは、自分の波長が下がっているサインです。

私自身、自分の波長の高い・低いはすぐに現実に表われます。

すごく急いでいて、焦っているときに運転すると、割り込みしようとする車がいたり、乱暴な運転をする車に遭遇する確率が高いのです。また、そんなときは、普段はほとんど止まらないで行ける道路でも、すぐに赤信号にぶつかります。

自分の状態次第で、何気なく入ったお店の店員さんの態度も変化するので、観察していると面白いほどです（ちょっとイライラしていたときは、愛想のない、お水の置き方が乱暴な店員さん。機嫌よく、穏やかな気持ちのときは、愛想のいい、丁寧な接客の店員さんに当たるのです！）。

以前は「あの車、いやになっちゃう！」とか、「失礼な店員さん！」とムッとすることもあったのですが、自分の状態が現実に表われるとわかってからは、スイスイ進まないときや、感じがいいとはいえない人に出会ったときには、自分の状態を省みるきっかけになりました。

「感謝アンテナ」を立てて、高い波長を引き寄せよう

宇宙には、**同じ波長のものが引き寄せ合う法則**があります。

周りに不満を感じているときほど、愚痴を言って自分の波長を下げるのではなく、「ありがとう」をたくさん言って、いち早く「高いエネルギーの自分になろう！」と

意識を切り替えましょう。

波長には同じ質のものを与えると長さが倍になり、全く逆の質のものを与えると消えるという性質があります。いやなできごとがあったときほど「ありがとう」という、全く逆の質を持つ波長をかぶせることで、負を消すことができるのです。

「ありがとう」と言った瞬間に、脳は「ありがとう」という状況になるための理由を探しはじめます。そして、「ありがとう」の理由をちゃんと見つけてくれるのです。

1日の最後に、手帳に「ありがとう」を書く習慣は、いいこと尽くしです！

「ありがとう」の内容はどんなことでもOKです。たとえば、

「○○ちゃん、話を聞いてくれてありがとう」
「○○君、荷物を持ってくれてありがとう」
「毎日お掃除してくれるおばさん、ありがとう」
「道に咲くお花がきれい。ありがとう」

「今日も生きてる。ありがとう」

どんな1日であったとしても、最後の締めくくりは「ありがとう」です。

毎日「ありがとう」を書くうちに、「ありがとう」にふさわしい日が1日、また1日と増えていきます。

「なんだか最近いいことがたくさん！　出会う人はいい人ばかりだし」と感じた頃には、すっかり「感謝アンテナ」が立って、エネルギーが高くなっています。

雰囲気美人として、「あの人、感じいいね」と、密かにささやかれているかもしれませんよ！

Point

1日の終わりは「ありがとう」で締めくくろう

エピローグ

今まで、５人の住人との「幸運手帳術」の旅にお付き合いくださり、ありがとうございました。

いかがでしたか？

知らなかったこと、知っていて実行していたこと、知っていたけど実行していなかったこと……。受け取ることにもタイミングがあります。必要のないことや、受け取れないタイミングでは、何も訪れません。

今、この本を読む機会が訪れたということは、きっと、あなたにとって、手帳を通してより幸せな人生を生きるタイミングがきているということです。

この本を読んでくださった方の中には、私が想定した以上の気づきを得たアンテナ感度の高い方も、きっとたくさんいらっしゃることと思います。ぜひ、どんな変化があったかを教えてくださいね。

私の中には、ずっと揺るがない理想の未来のイメージがあります。

お日様がポカポカして気持ちのいいある日、すっかりおばあちゃんになった私は、縁側でゆっくりお茶を飲む。遠くから聞こえてくる、遊んでいる近所の子どもたちの声を、にこにこと聞くともなしに聞いている。横にいる猫をなでながら、ただ穏やかな気持ちでそこにいる。

――これが、私が理想とする「最高の自分」と「最高の未来」です。

ただ、こうなるのは、もっと先でいいと思っています。今は「悟る」より、「味わいたい」と思っています。時につらいことや悲しいことがあったとしても、「自分の気持ちに正直に、幸せに生きる」と決めて、たくさんの感情を味わいつくした先に、その理想の未来がある気がするのです。

人目や常識にとらわれすぎず、「思い通りの生き方」を選ぶことで、後悔なく、より人生を「味わいつくす」ことができるのではないかと思います。

この本を読んでくださったあなたが、手帳という小さなツールをきっかけに、人生という壮大なシナリオを描き、より幸せに、自由に生きていくきっかけになればうれしいです。

前作『はじめよう！　おうちサロン　自分もお客様も幸せになる自宅サロン開業の教科書』の出版後に、たくさんの素晴らしい出会いがありました。

ご感想を送ってくださり、メールでやりとりをさせていただいた方、サロンまで相談を受けに来てくださった方、本を友達にプレゼントして喜ばれたとご報告くださった方。直接ではないけれど、本を通して私と関わってくださったたくさんの読者さま。どれも、宝石のようにきれいで尊い出会いでした。

この本を通して、また、あなたと宝石のような出会いが訪れたことに、心から感謝いたします。ありがとうございました！

最後に、手帳や本についての色々な感想やご意見をくださった、「おうちサロン・ペールグリーン」のお客様、大先輩方、友人たち、家族。

そして、私に本を出版する機会を与えてくださった、同文舘出版の古市達彦編集長、毎回鋭くもあたたかいアドバイスをくださった、担当の戸井田歩さんに深く感謝します。ありがとうございました！

この本を読んでくださった方、関わってくださったすべてのみなさまに、ますますワクワク・ドキドキ、幸せな日々が訪れることを願い、ペンを置きたいと思います。

赤井理香

『「最高の自分」を引き寄せる！幸運手帳術』ご購入の皆さまへ

本書をお買い上げいただきまして、ありがとうございます！

感謝の気持ちといたしまして、おうちサロン「ペールグリーン」の人気メニュー「数秘学鑑定」の中から、「誕生数によるあなたの人生のテーマ」をメールでプレゼントさせていただきます。

お申し込みくださった方には、引き続き、メールセミナー「幸運を引き寄せて最高の自分になる方法」を、毎月１回、１年間お届けします。（全 12 回）

ご購入特典

①数秘ミニ鑑定
「誕生数によるあなたの人生のテーマ」
②毎月１回のメールセミナー（全 12 回）
「幸運を引き寄せて最高の自分になる方法」

[お申し込み方法]
・お名前
・生年月日
・メールアドレス
・本書のご感想（一言でもいただけると、うれしいです）
をご記入の上、右のＱＲコードを読み取るか、「幸運手帳術購入特典希望」の件名で下記アドレスまでメールをご送信ください。
→赤井理香　info@ouchisalon.jp

※３日経っても返信がない場合、恐れ入りますが再度メールをお願いいたします。
※パソコンのメールアドレスでご登録いただくか、携帯の場合は info@ouchisalon.jp からのメールを受信できる設定にしてください。
※この特典は、予告なく内容を変更・終了する場合がありますことをご了承ください。

【著者略歴】
赤井理香（あかい りか）
セミナー講師、おうちサロンプロデューサー、潜在能力開発講師
幼稚園教諭、保育士として長年幼児教育に携わった後、潜在能力開発の講師を10年間務める。現在は「おうちサロン・ペールグリーン」にて、起業・講師養成・幸運手帳・数秘学などのセミナー開催やカウンセリングなどを中心に活動。千葉県の奥地、最寄り駅からバスという立地条件にもかかわらず、セミナーに参加するために遠方から足を運ぶ女性たちで、予約が1カ月以上先まで取れない状態がオープン半年以降ずっと続いている。フジテレビ、テレビ朝日の番組特集でも凄腕カウンセラーとして紹介された。
サロンで主催している「幸運手帳講座」は、カルチャーセンターや起業勉強会などでも開催している人気のセミナーで、「手帳が活用できるようになった」「書いた通りのことが起こった」など数多くの感想が寄せられている。
コラムサイト「パピマミ」に、家庭・子育てについてのコラムを掲載中。著書に『はじめよう！　おうちサロン』（同文館出版）。

■おうちサロン「ペールグリーン」
http://ouchisalon.jp/
※講演、取材、コンサルティング等のお問い合わせはHPまで
■ Blog　http://ameblo.jp/ukiukisuki
※新月の記事、セミナーのお知らせを掲載中
■無料メールセミナー　http://ouchisalon.jp/mailmag
※「幸運なサロンオーナーになる10の方法」を発信中

「最高の自分」を引き寄せる！ 幸運手帳術

平成27年11月11日　初版発行

著　　者 ———— 赤井理香
発 行 者 ———— 中島治久
発 行 所 ———— 同文館出版株式会社
東京都千代田区神田神保町1-41　〒101-0051
営業(03)3294-1801　編集(03)3294-1802
振替00100-8-42935　http://www.dobunkan.co.jp

©R.Akai　　ISBN978-4-495-53291-8
印刷／製本：三美印刷　　Printed in Japan 2015